Maxime Bark

Immobilier locatif : réussir en 12 étapes

"Ma retraite à 26 ans"

C'est un soir de fête. Je m'apprête à souffler mes vingt-sept bougies en compagnie de mes proches et d'un fabuleux punch. J'ai le sourire aux lèvres grâce à ce cocktail, mais pas seulement : le mois précédent, je signais le compromis de mon quatrième appartement et ma demande de neuf mois de congés sans solde avait été acceptée par mon employeur. Bref, j'allais être à la retraite et la transition était en marche.

À travers ce livre, je souhaite partager avec vous les différentes étapes relatives à l'immobilier locatif qui m'ont conduit à être autonome financièrement en un temps réduit. Je vous conseillerai aussi sur les différents domaines incontournables (fiscaux, comptables, marketing, etc.) que vous allez rencontrer durant vos projets immobiliers et les erreurs à éviter. Enfin je vous partagerai ma philosophie sur le sens de ces actions.

Je ne prétends pas tout connaître et je ne ferai aucune généralité. Je vais simplement vous parler d'éléments concrets et précis d'un petit marché que je connais et dans lequel j'ai réussi : l'immobilier.

Je dédie ce livre à ma famille et mes proches qui m'ont toujours soutenu et à qui je dois tout.

Sommaire

Partie 1

12 étapes pour réussir dans l'immobilier locatif

Préambule

Pourquoi et comment devenir autonome financièrement ?

J'ai choisi le livre comme support de partage, car je suis convaincu que c'est en prenant le temps de lire que notre esprit se conditionne efficacement. Oui, vous l'avez compris, je suis contre les publicités Facebook ou les vidéos YouTube qui assurent qu'il est très simple d'acheter huit appartements en six mois ! Car le but ultime derrière ces actions n'est pas de gagner de l'argent à tout prix en un minimum de temps, mais d'automatiser la génération des revenus pour se libérer un maximum de temps.

Même si l'approche est donc différente des formats de contenus en vogue (YouTube, etc.), la finalité est la même. Ainsi, je vais vous faire prendre du recul sur votre situation actuelle dont vous vous servirez ensuite comme d'une force. Cette force vous permettra de réussir chaque étape du plan d'action proposé dans ce livre, avec motivation et détermination. Ce plan d'action vous permettant de vous forger la vie dont vous avez toujours rêvé.

Les déboires d'un salarié

Je vais vous parler de plusieurs ressentis que vous avez probablement vécus durant votre vie professionnelle. Ces constats m'ont grandement aidé à décider de mon avenir.

Premier constat : la prise de conscience. Mon premier contrat était un contrat d'alternance. J'ai été choqué par la rémunération : celle-ci était fixe et indépendante de mon travail fourni ou des objectifs atteints. Certains diront que c'est tout ce qu'on attend d'un travail en tant que salarié : la sécurité du montant du salaire. Et si cela vous convient, vous pouvez refermer ce livre et le revendre.

Pour les autres qui sont aussi étonnés d'avoir une rémunération fixe pour un travail de qualité variable, voici une des premières raisons qui m'a motivé à construire un système où la qualité de mon travail produit était en corrélation constante avec mon niveau de rémunération.

Ce premier constat n'est pas le plus important, mais je pense le plus parlant pour la majorité d'entre nous. Dans ce système, l'être humain devient docile, il accepte la routine et il se contente de ses quatre pour cent d'augmentation par an...

Deuxième constat : le sentiment de manquer de liberté. Devoir se lever tous les matins de la semaine pour aller au même endroit par le même chemin avec la même fatigue... Il n'y a aucune raison valable pour accepter ce rythme jusqu'au « burn-out ». Il y a tant de lieux magiques, tant de peuples incroyables et tant d'activités extraordinaires à découvrir qu'il me semble tout simplement impensable de passer les trois quarts de ma vie entre quatre murs à fixer un écran.

Encore une fois, si tous ces éléments ne font pas écho dans votre esprit et que vous êtes très heureux à faire ce que vous faites tous les jours, je suis jaloux et vous pouvez refermer ce livre.

Troisième constat : le manque de motivation dans le travail de salarié. Je ne compte pas le nombre de fois où le dimanche soir, je me suis dit : « Je n'ai pas envie d'y retourner demain matin... » Même sentiment en rentrant de vacances. Je ne pense pas qu'il soit possible d'être vraiment heureux en ayant ce type de raisonnement. J'étais très surpris lorsque mes collègues décrochaient un sourire uniquement quand ils parlaient de leurs vacances ou de leur prochaine RTT.

Quatrième (et dernier) constat : le sentiment d'impuissance dans un projet de groupe. Il est vrai qu'ensemble nous pouvons faire des projets plus grands et plus rapidement. Mais la plupart du temps, quand nous sommes dépendants les uns des autres, les projets n'aboutissent pas. J'ai lancé une application mobile durant mes études, et ce fut un fiasco terrible sur le plan financier. Le budget et le planning ont explosé, car je dépendais fortement d'une équipe peu expérimentée de trois personnes que j'avais employées pour le développement de cette application. La conscience collective du groupe que nous employons est souvent bien trop faible à l'égard des risques réels pris par l'entrepreneur. À travers cette expérience ultra-enrichissante, j'ai appris que la pluralité et la diversité des profils dans un groupe augmentaient considérablement le risque que le projet n'aboutisse pas.

En bref, le rythme que nous suivons tous nous conduit vers un manque de temps, un manque d'argent, un manque de contrôle, un manque de liberté et un manque de motivation. Bien sûr, ces variables ne sont pas interdépendantes, mais sont intimement liées les unes aux autres.

À lecture de ces constats criants de vérité, ne faites pas cette tête attristée. Il existe de nombreuses alternatives au salariat qui vous permettront de vivre des sensations formidables. À travers ce livre, je suis là pour vous faire découvrir un plan d'action efficace qui vous propulsera vers une belle réussite. Le chemin pour y parvenir n'est pas simple ni rapide. Il faudra faire des sacrifices et se propulser au maximum de ses capacités. Mais en étant méthodique et déterminé, cette route est à portée de quasiment tous les conducteurs.

Améliorer sa qualité de vie, c'est possible

Obtenir une meilleure qualité de vie à travers l'indépendance financière, c'est l'objectif de ce livre. C'est surtout votre objectif.

Que veut dire « être autonome financièrement » ? Concrètement, ne pas aller au travail pendant une semaine et que cette action n'ait aucun impact (ou presque) sur vos finances. Cette autonomie financière vous permettra de disposer de plus de temps et surtout, d'en disposer comme bon vous semble. Plusieurs stratégies permettent cela, et la variable quasi incontournable dans cette équation est le travail. Certains auteurs se focalisent sur l'optimisation du travail et vous aident notamment à être plus productif, plus efficace et plus efficient. Voici quelques solutions pour parvenir à ces résultats.

Premièrement, vous pouvez négocier des périodes hebdomadaires de télétravail. Ce nouveau format de travail est de plus en plus en vogue en France, même si nous accusons un retard de plus de dix ans sur nos chers amis américains, par exemple. Ainsi, avec cette nouvelle forme de travail vous devenez, en partie, maître de votre temps et parfois, plus productif. Car oui, vos collègues ne seront pas à la portée d'un café et cela vous permettra de rester concentré bien plus longtemps qu'en entreprise.

Deuxièmement, vous pouvez faire un pas supplémentaire en changeant de statut professionnel. Vous quittez votre statut de salarié pour devenir indépendant. Comme son nom l'indique, vous êtes à votre compte et vous gérez votre propre entreprise. Ce mode de travail vous permet de jouir d'une liberté bien plus importante tout en gardant votre métier. Bien sûr, pour assurer une transition en toute sécurité, il est préférable d'avoir été quelques années salarié avant de commencer son activité d'indépendant (en parallèle, si vous le pouvez !).

Vous l'aurez compris : il existe de nombreux statuts professionnels (salarié, indépendant, artisan, intérimaire, etc.). Chaque statut a ses avantages et ses inconvénients. Et il est évident que certains modes de travail vous permettront d'avoir une qualité de vie bien meilleure. Ajoutez à cela des techniques qui vous permettront d'être plus efficient dans votre travail et vous serez le roi de la productivité. Ainsi, vous pourrez réaliser le travail de la semaine en seulement quelques jours ou encore travailler tous les jours de la semaine en produisant deux fois plus.

Mais à travers ces modes de travail, vous ne serez jamais vraiment autonome financièrement. Bien sûr, vous pourrez prendre quelques jours de congé dans la semaine, en décalant votre planning avec le client, par exemple, mais le travail sera à réaliser un jour ou l'autre. C'est pour cette raison que je ne détaillerai pas davantage ces solutions. Pour obtenir une véritable autonomie financière, vous pouvez mettre en place un système pour que votre travail soit réalisé par quelqu'un d'autre ou quelque chose d'autre. Vous êtes surpris par la fin de ma dernière phrase ? C'est normal. Mais pensez aux ordinateurs. Ce sont des machines que nous pouvons programmer pour faire automatiquement certaines actions...

Les revenus passifs

Vous devez penser à votre salaire comme une ressource financière sur du long terme et non comme une rétribution immédiate du mois travaillé. Je m'explique. Vous êtes artisans et vous installez des portes. Souhaitez-vous que le client vous paie 1 000 € une fois la porte installée ou qu'il vous paie 1 € chaque fois que la porte s'ouvre et se ferme ? La dernière solution est la clé. Une fois quelques portes installées, vous n'aurez plus à aller travailler pour que l'argent tombe sur votre compte bancaire. Et ça, c'est magique. Enfin presque, car il faut tout de même mettre en place un système qui vous permette d'obtenir ce type de revenus, appelés « revenus passifs ». C'est exactement ce type de revenus que nous allons générer à travers l'immobilier locatif. Il existe bien d'autres domaines que l'immobilier où il est possible de mettre en place ce système. Le but est de développer un produit avec lequel vous allez pouvoir récolter les fruits de votre travail pendant une longue période.

Les revenus passifs ne sont pas nouveaux et voici quelques exemples. Le livre. Oui, le livre : une fois celui-ci écrit et publié, vous pouvez percevoir un pourcentage sur chacune de ses ventes. Pour la plupart des créations artistiques, c'est pareil (films, musiques, etc.). Vous achetez des actions en bourse ? Vous percevrez également des revenus passifs. Grâce à Internet, de nouveaux systèmes vous permettent de générer ce type de revenus, en créant par exemple un site de e-commerce sans avoir à gérer aucun stock. Vous pouvez encore réaliser des vidéos et les poster sur YouTube, etc.

Ainsi, vous savez qu'il existe de nombreux systèmes qui permettent de générer ces fameux revenus passifs. Le fait de les connaître et de devoir se focaliser sur la création d'un tel système doit être une révélation pour vous. C'est incroyable de générer des revenus quand vous dormez !

Cependant, tous les systèmes ne se valent pas. Certains sont plus difficiles d'accès que d'autres. Certains vous rapporteront moins d'argent que d'autres. Par exemple, il vous sera bien plus facile de poster une vidéo sur YouTube que de réaliser un film d'action. Mais le film d'action sera certainement bien plus rentable que la vidéo YouTube. Il y a donc deux variables essentielles à prendre en compte pour choisir le système optimal : les barrières à l'entrée (ou encore la facilité d'accès) et la rentabilité du projet.

Le système des locations immobilières a une rentabilité ultra-intéressante, quasi certaine et à la portée du plus grand nombre. J'insiste sur la stabilité et la fiabilité de la rentabilité de ces investissements locatifs. Le montant de la location d'un studio a une valeur quasi standard dans une ville et celle-ci évolue très peu. Par exemple, si vous allez sur un site d'annonces immobilières pour la ville de Nice, vous n'allez jamais trouver un studio à 140 € par mois et l'annonce suivante à 1 300 € par mois. À l'inverse, la rentabilité d'une vidéo YouTube sera beaucoup plus aléatoire. Certaines vidéos stupides dépassent les 10 000 000 de vues et d'autres stagnent à 10 000 vues et souvent, la raison est difficilement explicable.

Un dernier point : l'immobilier est le seul domaine où les banques vous prêteront « facilement » de l'argent. Les prêts immobiliers ont ainsi été créés pour vous permettre d'investir. À l'inverse, il n'existe pas de « prêt littéraire » ou de « prêt YouTube » à hauteur de 200 000 euros et sur 25 ans, que vous pouvez obtenir dans la banque du coin...

C'est pour ces raisons que je me suis tourné rapidement vers le domaine de l'immobilier pour générer ces fameux revenus passifs. Et ensemble, nous allons parcourir en détail les différentes étapes qui vous permettront de mettre en place un système similaire.

Étape N° 1

L’immobilier

Je ne suis pas un « expert » de l'immobilier avec soixante-seize ans de carrière derrière moi, et tant mieux, car vous n'avez pas besoin d'expérience pour réussir. J'en suis la preuve. Ainsi, je vais vous parler d'un domaine très précis de l'immobilier en vous apportant le plus d'éléments concrets à chaque étape-clé du processus.

Avec un instinct du business certain, et après avoir réalisé de nombreuses actions d'achat-revente en tout genre (téléphones mobiles, motos, etc.), j'arrivais à la fin de mes études en école de commerce. J'étais intéressé par l'immobilier, car c'est un des seuls domaines ouverts aux particuliers avec des montants de transaction importants. Si le montant de la transaction est important, le bénéfice l'est souvent aussi.

Le premier avantage de ce marché, vous l'avez compris, est donc le montant des transactions. Attention, je ne parle pas de pourcentage de marge ou de taux de rentabilité. Vendre un téléphone avec une marge de 50 % générera beaucoup moins de revenus que 1 % d'une transaction à 200 000 euros.

Le deuxième avantage est l'ouverture aux particuliers. En effet, en tant que particulier, vous n'avez besoin d'aucune autorisation particulière ni même de diplôme pour acheter un appartement.

Le troisième avantage est la stabilité. La pierre a traversé les siècles et son importance reste inégalée. Les prix n'ont cessé de grimper : à l'achat comme à la location, la tendance est à la hausse. Et quand les prévisions de 2050 envisagent une population mondiale de plus de 10 milliards d'habitants, je vous laisse deviner la suite...

Le quatrième avantage qui en découle est l'exode rural et la mobilité. En France, les villes sont de plus en plus denses et la population (surtout chez les jeunes) est de plus en plus mobile. Terminé l'époque où nous grandissions dans le même village, où nous travaillions dans le même village, où nous nous marions et mourions dans le même village. Bien sûr, certains citadins retournent à la campagne chaque année. Mais leur nombre reste faible et ils ont eux-mêmes vécu une partie de leur vie en ville.

En conclusion, l'immobilier est un marché ouvert aux particuliers avec des indicateurs au vert (surtout dans les villes). Pour vous investir pleinement dans ce domaine, vous devez être convaincu que c'est le bon. Si les éléments mentionnés dans ce chapitre ne suffisent pas à vous convaincre, je vous invite à obtenir en deux clics d'autres éléments factuels (statistiques ou rapports) sur Internet.

Étape N° 2

Un contexte favorable

Vous dire qu'il n'y a pas de contexte favorable pour entreprendre est un mensonge. Si vous êtes jeune actif sans enfant avec un CDI en poche, le parcours sera plus facile à effectuer. Pour les autres, aucune raison de baisser les bras, la route sera plus longue, mais vous y arriverez. Et nous allons découvrir comment.

À la fin de mes études, j'étais en plein milieu de ce « contexte favorable » : jeune, dynamique et sans enfant. Un peu d'argent en poche et beaucoup de temps libre (mon CDI attendra bien encore quelques mois !). Mes parents avaient acheté un vieux corps de ferme à rénover entièrement et il y avait là, juste à côté, un petit garage à tracteur à l'abandon en guise d'annexe. Assez vite, j'ai décidé de relever un challenge un peu gros pour un début : raser cette ruine et construire une maison ossature bois. Les bénéfices générés par la revente ou la mise en location étaient tels qu'ils me faisaient oublier que je n'avais que très peu de connaissances dans le bâtiment. Sept mois plus tard, le chalet était construit et le premier locataire emménageait. De nombreuses erreurs auraient pu être évitées, que je détaillerai dans les chapitres suivants, mais le sentiment d'avoir accompli un grand projet était au rendez-vous.

Le contexte favorable est la période la plus propice à vous lancer dans un projet, quel qu'il soit. Cette période dépend de trois variables : le temps, l'argent et les contraintes (familiales, etc.). Plus vous avez du temps, de l'argent et peu de contraintes, plus le contexte sera favorable. J'avais beau être en plein cœur de ce contexte favorable, mon profil restait à l'opposé de celui d'un charpentier ou d'un électricien ! Pourtant, avec détermination, tout s'apprend, et je suis le porte-étendard de cette affirmation. Je n'avais aucune connaissance en immobilier et je n'avais quasiment jamais « bricolé » de ma vie. Votre profil n'a donc que peu d'importance. Bien sûr, si vous êtes artisans dans le bâtiment, vous serez favorisé, mais c'est loin d'être un prérequis. À l'inverse, votre personnalité est un élément essentiel : vous devez être déterminé, méthodique et faire preuve de sang froid.

Pour résumer, votre état d'esprit est votre arme la plus redoutable pour investir dans l'immobilier. Vous ne pouvez pas vous cacher derrière ces phrases toutes faites : « Avec les enfants, je n'ai pas le temps... » ou : « Je n'y connais absolument rien en immobilier. » La plupart des investisseurs ont des enfants et ont débuté en partant de rien. Du temps, nous en avons tous, et nous sommes libres de l'occuper au mieux. Si vous êtes déterminé, vous trouverez du temps pour votre projet.

Étape N° 3

Les banques

Ça y est. Vous êtes convaincu qu'il est temps d'investir dans l'immobilier pour amorcer un changement de mode de vie. Si ce n'est pas le cas, la suite de ce livre devrait vous aider à sauter le pas.

Bienvenue, donc, dans le vif du sujet. La première étape consiste à connaître votre capacité d'endettement. En bref, en fonction de votre profil (vos crédits en cours, vos revenus, votre âge, votre profession, le type de contrat que vous souhaitez, etc.), la banque va déterminer le montant qu'elle peut vous prêter. Cette étape est cruciale et définit la base même de votre projet. Voici quelques conseils pour éviter les erreurs les plus fréquentes.

Votre capacité d'endettement

Votre capacité d'endettement est fortement dépendante des autres crédits que vous avez déjà : crédit à la consommation, crédit immobilier, etc. En bref, la banque va prendre l'ensemble de vos revenus récurrents (revenus salariaux, pensions, etc.) et les mettre en face de vos dépenses récurrentes (remboursement de crédit, loyer, etc.). En général, la banque acceptera plus difficilement de vous financer si le rapport dépenses/revenus récurrents est supérieur à 33 %. C'est pour cette raison qu'il est essentiel d'atteindre le plus tard possible votre capacité maximale d'endettement.

Exemple : vous gagnez 1 500 €. La banque vous prêtera jusqu'à ce que vos charges représentent un tiers de votre revenu, soit 500 €. Une fois que la banque vous a accordé un prêt de 500 €, votre capacité maximale d'endettement sera atteinte et vous ne pourrez plus emprunter à nouveau.

Quelques astuces essentielles existent pour ne pas être bloqué par les banques dès le premier emprunt. Tout d'abord, pour votre premier achat, n'achetez jamais votre résidence principale (et encore moins sur une courte durée). Pourquoi ? Car votre capacité maximale d'endettement sera atteinte et vous ne pourrez plus emprunter. Si vous avez déjà acheté votre résidence principale, pas de panique ; vous pouvez rallonger la durée de votre prêt et dire que votre résidence principale sera louée tel montant (attestation de valeur locative d'une agence à l'appui). De ce fait, vous augmentez vos revenus potentiels, vous réduisez vos dépenses et vous augmentez considérablement votre capacité d'endettement.

Votre « profil » : plutôt classique ou atypique ?

Ensuite, les conseillers bancaires cochent des cases pour remplir votre dossier. La case la plus importante correspond à votre type de contrat. Il vous faut un CDI. Même si vous êtes en période d'essai avec un salaire médiocre, vous êtes dans la « bonne case ». Si vous n'avez pas de CDI, essayez d'en obtenir un avant vos démarches.

Une fois le chalet en location, j'avais un revenu complémentaire confortable en addition de mon poste de salarié au sein d'une agence web. Cette société a liquidé au moment où je souhaitais acheter mon deuxième bien immobilier... Malgré des allocations

Pôle emploi généreuses et mon complément de revenus, les refus des banques étaient nombreux. Pourtant, même sans emploi, j'allais toucher trois fois le montant remboursé à la banque. Je suis revenu vers les banques avec un CDI en poche depuis un mois, et bingo : « Signez ici, monsieur. »

Les conseillers bancaires ont vu des centaines de dossiers immobiliers sans jamais investir eux-mêmes dans l'immobilier. Ils ne chercheront pas à trouver d'explications, si vous ne rentrez pas dans la case. « Rentrer dans cette case » est donc le plus important. Encore une fois, vous n'avez pas besoin d'avoir quatre ans d'ancienneté et de toucher un salaire de ministre.

Les refus seront peut-être nombreux. Mais ne vous résignez jamais. Les huit premières banques pourront vous dire « non » avec des raisons plus ou moins louches et la neuvième vous accordera un prêt.

Pour ce deuxième bien, j'ai failli abandonner. La banque que j'avais depuis ma naissance ne voulait pas me financer, je pensais que tout était perdu. Je me suis alors tourné vers des courtiers... qui m'ont également laissé tomber, en me signalant que mon profil était « atypique » (jeune, avec des revenus pas encore stables, etc.) J'ai donc repris mon bâton de pèlerin et obtenu mon financement en contactant directement une nouvelle banque.

Sur le fond, la persévérance est la clé. Sur la forme, votre dossier doit être impeccable. Tous les documents nécessaires doivent être imprimés, lisibles et classés (fiche de paie, devis travaux, attestation de loyers prévisionnels, etc.).

Les courtiers sont très efficaces lorsque vous avez un profil classique, car ils « mâchent » le travail des conseillers bancaires en remplissant à leur place votre dossier. Aussi, les courtiers peuvent vous faire gagner un temps considérable en présentant, à votre place, votre dossier dans plusieurs banques. En cas d'acceptation du dossier, les courtiers touchent alors une prime versée par la banque et la plupart du temps, une commission que vous devez leur verser. Il est important de leur verser une commission importante, car ils seront d'autant plus motivés pour faire accepter votre dossier. Surtout si le vôtre est « atypique ».

Le remboursement de votre prêt

Avec ou sans CDI en poche, et malgré votre profil plus ou moins atypique, une banque accepte de financer votre projet. Bravo ! Mais quelles sont les conditions du financement ?

Nous sommes en 2018 lorsque j'écris ces lignes et les taux de prêts immobiliers sont historiquement bas depuis quelques années – 2 % environ. Et dire que nos parents ou grands-parents empruntaient à un taux de 10 % ! Alors, profitons-en. Avec des taux aussi bas, pratiquement alignés sur le taux d'inflation, vous prenez peu de risque à vous endetter sur une longue durée. Pour profiter de l'effet de levier, endettez-vous. Endettez-vous sur le plus long terme possible (25 ans, voire 30 ans, pour un prêt immobilier). Pourquoi ? Car l'objectif est de diminuer au maximum le montant des mensualités versées à la banque chaque mois.

En remboursant un loyer d'un montant faible à la banque, vous minimisez vos risques de ne plus pouvoir rembourser votre crédit. Mais pas seulement : en étalant votre crédit, vous atteindrez moins rapidement votre capacité maximale d'endettement. Et c'est une très bonne nouvelle. Vous ne serez pas bloqué par ce paramètre pour acheter ensuite un deuxième appartement... Mais le plus important est que vous pourrez profiter de votre argent immédiatement, sans attendre la fin de votre crédit. Comment ? Tout simplement en dégageant du bénéfice chaque mois, car vos loyers seront bien supérieurs à votre remboursement.

L'objectif est donc de maximiser le montant de vos revenus locatifs et de minimiser celui du remboursement mensuel de votre crédit. Plus l'écart est important, plus vous gagnerez d'argent chaque mois.

Exemple : vous achetez puis louez 1500 € par mois un appartement sur lequel vous avez un crédit de 650 € par mois sur 25 ans. La situation de votre compte bancaire sera tout autre, si vous avez à rembourser 1200 € par mois avec un crédit sur 10 ans. Souhaitez-vous profiter immédiatement de votre argent ou préférez-vous attendre 240 mois en serrant la ceinture ? Vous êtes libre de faire votre choix. Pour ma part, j'ai choisi d'en profiter le plus jeune possible, car j'ai besoin de cet argent maintenant et je ne sais pas où je serai dans dix ans.

La plupart des banques financent sur 25 ans pour un projet de résidence principale, et sur 20 ans pour un projet locatif. Encore une fois, il n'y a pas de règle universelle, et certaines banques vous prêteront sur 25 ans pour financer un projet locatif, par exemple. Parfois, pour obtenir la durée la plus longue, vous-même ou votre courtier présenterez votre projet comme résidence principale. Rassurez-vous, une fois le prêt obtenu, vous pourrez faire de votre logement ce que vous souhaitez (résidence principale ou locative). Il n'y a pas d'obligation et vous ne serez pas hors-la-loi.

L'essentiel a été décrit dans ce chapitre. Passons maintenant aux détails du financement.

Le financement de votre projet

1/ Les conditions essentielles du prêt

Vous savez désormais qu'il est crucial de vous endetter sur 25 ans, voire, si vous pouvez, sur 30 ans. Quels sont les autres éléments importants relatifs à votre crédit immobilier ? Le taux d'intérêt, l'apport, l'assurance et les délais de votre prêt. Le taux d'intérêt sera forcément à négocier, mais son impact n'est pas aussi significatif que l'on pense.

Exemple : Vous avez obtenu un taux d'intérêt à 1,9 % au lieu de 2,1 % pour un crédit de 200 000 € sur 25 ans. Bravo ! Vous allez donc économiser 19 € par mois sur la durée de votre crédit. C'est une belle somme, mais celle-ci est négligeable au regard de votre projet. Car celui-ci vous rapportera plusieurs centaines, voire plusieurs milliers d'euros par mois durant toute votre vie.

Vous arriverez à négocier davantage votre taux d'intérêt si vous envisagez de prendre plusieurs produits dans une même banque, comme l'assurance de prêt, l'assurance habitation, un autre compte bancaire, l'assurance auto, etc.

La plupart du temps, vous aurez une commission à payer à la banque (sous forme de « frais de dossier »). N'essayez pas de négocier cet élément à tout prix, car cette commission motivera le conseiller bancaire à faire accepter votre dossier auprès de sa direction. Vous en aurez donc besoin… d'autant plus si votre profil est atypique. Désormais, vous en êtes convaincu : payer une commission de 700 € à la banque est négligeable si cela vous permet d'obtenir un financement pour un projet à 200 000 € qui vous rapportera jusqu'à la fin de vos jours.

Un dernier point : essayez de négocier un différé de prêt. Vous allez ainsi commencer à rembourser vos mensualités de prêt uniquement après une certaine période (souvent plusieurs mois après le déclenchement du prêt). L'intérêt ? Augmenter considérablement votre trésorerie. Car durant cette période, vous allez commencer à encaisser des loyers de la part de vos locataires sans rembourser vos mensualités de prêt. N'oubliez pas l'importance de votre trésorerie : celle-ci vous permettra de financer les imprévus ou l'apport nécessaire pour votre futur projet.

2/ L'apport personnel

On me pose souvent cette question : « Quel doit être le montant de mon apport personnel ? » Réponse : « Le plus faible possible. » Pour deux raisons. La première : vous aurez besoin de trésorerie (de l'argent disponible immédiatement sur votre compte bancaire) pour financer les nombreux aléas que vous risquez de rencontrer : dépenses imprévues, travaux supplémentaires, impôts, taxes, loyers impayés, etc. Il faut anticiper ces imprévus. Avoir des liquidités est donc le prix de la sérénité. La seconde : votre épargne est votre force de négociation pour ce projet et vos futurs investissements. Plus vous aurez de liquidités sur votre compte bancaire, plus vous serez en position de force pour négocier les conditions de votre financement.

Une des conditions à fort impact est le financement à 110 %. À travers ce terme, l'objectif est que la banque finance tous les besoins de votre projet : l'achat de l'appartement, les frais de notaire et les travaux (certaines banques peuvent financer l'ensemble). *A minima*, il faut que vous obteniez un financement dans lequel sont inclus l'achat de l'appartement ainsi que les frais de notaire. Vous gardez ainsi votre épargne pour les coups durs et restez en position de force pour les prochains investissements.

3/ L'assurance de prêt

Elle est essentielle et obligatoire. La banque vous proposera systématiquement la sienne, mais vous avez le choix de prendre une autre assurance d'une autre entreprise. On appelle ce procédé la délégation d'assurance. Cette opération est importante à réaliser, car elle vous permettra de diviser (souvent) par deux le montant de votre assurance d'origine pour des garanties équivalentes.

Cette assurance remboursera votre prêt immobilier en cas de décès, d'invalidité, etc., donc son rôle est capital. Je vous conseille de prendre toutes les garanties – sauf la garantie perte d'emploi qui est souvent trop difficile à déclencher –, soit l'assurance décès, PTIA, IPT, ITT et IPP. Il est malin et prudent de dépenser quelques euros de plus chaque mois afin d'obtenir une couverture complète et efficace. Certaines banques vous obligeront à prendre leur assurance de prêt en échange d'un certain taux, etc. Aucun problème. Jouez le jeu. Vous pourrez toujours faire une délégation d'assurance par la suite.

4/ Le planning

Dernier élément important de votre prêt : le délai d'obtention de votre financement. C'est cette variable qui conditionnera le planning de votre projet. Oui, car comme pour tout projet, vous aurez besoin d'un planning. Vous pouvez alors noter ces quelques étapes importantes :

• **Jour J :** Signature du propriétaire de votre offre d'achat.

• **2 semaines plus tard** : Signature du compromis d'achat chez le notaire.

• **6 semaines plus tard** : Réception de votre offre de prêt.

• **2 semaines plus tard** : Signature de l'acte authentique chez le notaire.

• **1 semaine plus tard** : Début des travaux.

• **X semaines plus tard** : Fin des travaux.

• **2 semaines plus tard** : Fin de l'installation des meubles et de l'électroménager. Mise en location.

Ce planning vous permettra de vous organiser et de donner de la visibilité à tous les intervenants. Vous êtes le chef de votre projet : si le notaire est « en retard » au vu de votre planning, il faudra décaler d'autant l'intervention des artisans, par exemple. Un conseil : prenez de la marge. Je n'ai jamais vu un chantier se terminer en avance. Vous seul portez votre projet. Relancez régulièrement les parties prenantes si besoin.

Étape N° 4

Les zones de recherche

Dans ce chapitre, nous allons découvrir :

- Les zones géographiques à fort potentiel.
- Les localisations stratégiques.

Les grandes villes (supérieures à 100 000 habitants) comme Nantes, Grenoble, Bordeaux, Rennes, Lille, Marseille, Toulouse, Lyon, etc., représentent un fort potentiel, car elles attirent toujours plus de monde, en particulier les étudiants et les jeunes actifs.

Mon premier conseil est le suivant : choisissez une grande ville, que vous connaissez déjà, avec une population importante d'étudiants et de jeunes actifs. Par exemple, j'ai choisi d'investir à Lyon, une ville qui rassemble ces critères et dans laquelle j'ai vécu pendant six mois avant mon premier investissement.

Avant d'investir, il est essentiel de connaître la ville. Si vous n'y avez jamais vécu, visitez-là régulièrement, durant des petits week-ends, afin de découvrir son atmosphère, les quartiers qui bougent, ceux qui montent, etc. Posez également des questions à des amis ou connaissances qui y vivent, comme :

- Quel est le réseau de transports de la ville ? Est-il en développement ?

• Est-ce une ville vivante, avec des commerces de proximité, une vie diurne et nocturne ?

• Y a-t-il beaucoup de facultés ? Où sont-elles situées ?

• La ville attire-t-elle des touristes ? Dans quel quartier s'installent-ils en priorité ?

• Y a-t-il un quartier d'affaires ? Où est-il ?

Enfin, pour des raisons pratiques évidentes, choisissez une ville proche de votre domicile. Deux heures de voiture, c'est le maximum.

Un autre conseil : évitez Paris. Même si la capitale rassemble tous les critères, les prix sont tels que la rentabilité sera considérablement réduite.

Une fois la ville choisie, vous allez cibler des zones précises au sein de celle-ci :

• à proximité des zones d'enseignement (université, école de commerce, IUT, etc.) ;

• à proximité des transports (métro et tram à privilégier).

Évitez les centres-villes, souvent trop chers. L'important est d'être à proximité des transports pour atteindre sa faculté ou le centre-ville en quinze minutes chrono.

J'ai par exemple acheté un appartement à Villeurbanne, une commune voisine à Lyon. L'appartement est proche du périphérique, mais au pied du métro. Résultat : c'est l'appartement le plus rentable que j'ai acheté jusqu'à présent. Prix d'achat faible et taux d'occupation à 100 %.

Je n'ai pas investi dans chaque grande ville de France pour détenir la vérité ou une méthode de recherche infaillible. J'ai simplement appliqué cette méthode à Lyon (ainsi que certains de mes amis) et cela a très bien fonctionné. Il ne fait aucun doute qu'elle donnera les mêmes résultats pour la majorité des grandes villes de France.

Étape N° 5

Les typologies d'appartements

Vous avez choisi la ville. Vous avez repéré quelques endroits stratégiques. Très bien. Nous allons maintenant nous intéresser aux types d'appartements à rechercher. Ceux qui présentent la plus forte rentabilité.

J'ai pu acquérir plusieurs biens aux profils très différents. Du petit studio ultra design (après rénovation) au chalet en ossature bois, en passant par de grands appartements à rénover entièrement. Je peux vous confirmer que ce dernier présente la plus forte rentabilité.

Pourquoi ? Pour deux raisons principales. Premièrement, ces appartements (de 70 m^2 environ) correspondent parfaitement à vos locataires idéals : étudiants et jeunes actifs. Vous allez pouvoir facilement mettre en place une colocation. Avec plusieurs chambres, vous multipliez vos revenus, l'objectif étant de fixer un prix pour chaque chambre. Deuxièmement, le prix d'achat de ces grands appartements à rénover est souvent assez faible, surtout s'ils ne sont pas situés en centre-ville. Profitez-en. Avec les travaux, vous pourrez aménager le lieu à votre convenance pour que l'espace soit optimisé. Également, les dépenses de travaux vous serviront pour créer du déficit. En bref, vous allez comptabiliser l'ensemble de vos dépenses et les soustraire à vos revenus locatifs. Ainsi, vous ne paierez pas ou peu d'impôts les premières années. Je ne connais pas encore de typologie de bien plus rentable que ces appartements composés de trois chambres (minimum).

J'ai acheté un appartement dans l'hypercentre de Lyon que j'ai transformé en meublé de tourisme et publié sur des sites de location de courtes durées (Airbnb, Booking, etc). Le chiffre d'affaires réalisé à travers ces plateformes est certes très important, mais la gestion est telle (ménage, literie, check-in, check-out, etc.) qu'il faut la confier à une agence spécialisée. Les bénéfices nets sont alors fortement réduits.

Vous pouvez aussi acheter un T2 proche du centre-ville et le mettre en location classique (bail de 1 an, par exemple). La gestion de ce bien sera simple, vous aurez certainement une rotation de locataires tous les deux ans en moyenne. Mais sa rentabilité sera, là encore, très faible.

Pour illustrer ces trois modèles de location, voici un exemple. Vous disposez d'un budget de 200 000 €. Votre mensualité de prêt sera de 800 € sur 25 ans. À Lyon, vous pouvez donc acheter trois types de bien avec ce budget en 2018 :

Appartement 1 : Studio dans l'hypercentre de Lyon

- Revenus mensuels : 2 000 €
- Charges de gestion : 1000 €
- Bénéfices : 1 000 € - 800 € : 200 €

Appartement 2 : T2 proche du centre de Lyon

- Revenus mensuels : 750 €
- Charges de gestion : 0 €
- Bénéfices : 750 € - 800 € : - 50 €

Appartement 3 : T5 en périphérie de Lyon

- Revenus mensuels : 400 € x 4 chambres : 1600 €
- Charges de gestion : 0 €
- Bénéfices : 1600 € - 800 € : 800 €

À travers cet exemple simplifié, vous constatez que le bien numéro 3 est largement plus rentable. Bien sûr, les charges de copropriété ainsi que la taxe foncière seront plus élevées, mais ce type d'appartement restera toujours beaucoup plus rentable.

Nous sommes en 2018, les prix vont bien sûr augmenter, tout comme les prix des locations... Ainsi, l'écart de rentabilité restera le même entre ces trois types de biens.

Étape Nº 6

Le « crash test »

Vous avez trouvé la ville où investir. Vous avez trouvé l'endroit stratégique. Vous avez trouvé l'appartement qu'il vous faut pour ce projet. Super. Mais ce n'est que votre jugement, et dans ce domaine en constante évolution, votre jugement (comme le mien) n'aura jamais le dernier mot.

Votre projet peut être extrêmement rentable sur le papier, mais s'il ne se loue pas pour une quelconque raison, vous avez tout perdu. C'est pourquoi il est important de confronter votre jugement à celui du marché afin de savoir si votre appartement va se louer rapidement et à quel prix. Comment faire ? Vous allez procéder en deux étapes.

Étape 1 : L'analyse concurrentielle

Vous allez tout d'abord analyser les annonces en ligne sur des sites d'annonces immobilières. Prix, description de l'annonce, localisation de l'appartement, équipement à prévoir, etc. : tous ces éléments doivent vous inspirer pour votre projet et vont vous donner une tendance. À travers ces annonces en ligne, vous en déduisez qu'un appartement situé à tel endroit et à tel prix se loue environ 450 € la chambre, par exemple. Cette première étape peut confirmer votre jugement, mais elle n'est pas suffisante. Car les annonces en ligne sont par définition « disponibles ». Vous ne savez donc pas si elles vont trouver un locataire et en combien de temps.

Étape 2 : le « crash test »

Cette seconde étape consiste à publier une annonce de votre projet hypothétiquement terminé. Ceci afin de tester la faisabilité de votre projet en conditions réelles.

Mettez en place ce crash test très simplement : prenez quelques images similaires à votre futur appartement (facilement téléchargeables sur Internet) et décrivez ensuite votre annonce (vous pouvez vous inspirer d'autres annonces déjà en ligne). Ensuite, publiez-la sur LeBonCoin, SeLoger, etc. Et le tour est joué ! Vous n'avez plus qu'à attendre les demandes des personnes intéressées pour visiter votre bien. Si vous êtes contacté, dites que le bien vient d'être loué.

Pour avoir des résultats pertinents, il faut attendre une semaine environ. Si vous avez eu plus d'une dizaine de demandes de visites en quelques jours, le résultat est concluant et confirme votre jugement. À l'inverse, si vous avez reçu deux ou trois appels téléphoniques en une semaine, votre projet est à revoir : prix trop élevé, mauvais emplacement de l'appartement, etc. Recommencez cette opération jusqu'à obtenir des résultats satisfaisants. Ainsi, vous serez certain de proposer un produit en adéquation avec les besoins du marché. Vous diminuerez alors considérablement le risque de ne pas trouver de locataires.

Ces deux étapes essentielles vous permettront d'obtenir le montant de vos revenus locatifs prévisionnels avec un niveau de confiance et de précision élevé.

Étape N° 7

Les visites, les vérifications et l'offre d'achat

C'est parti. Vous souhaitez acheter un type d'appartement précis situé dans un des endroits stratégiques bien identifiés. Quelle est la procédure ?

La recherche

Tout d'abord, consultez quotidiennement les annonces immobilières. Aujourd'hui, 95 % des biens à vendre sont publiés sur Internet. Vous pouvez ainsi vous rendre plusieurs fois par jour sur les sites les plus connus, parmi lesquels LeBonCoin et Seloger qui rassemblent à eux seuls la grande majorité des annonces en ligne. En addition, vous pouvez créer des « alertes automatiques » : dès qu'une annonce qui répond à vos critères est publiée, vous êtes averti par e-mail.

En complément, contactez directement les agences immobilières ou des connaissances pour avoir des informations via le « bouche-à-oreille ». Cela vous fera gagner un temps précieux.

Si une annonce vous intéresse, appelez systématiquement pour avoir quelques informations supplémentaires et planifier une visite rapidement. Si la personne ne répond pas, laissez systématiquement un message vocal et doublez d'un e-mail. Les propriétaires qui possèdent des annonces intéressantes reçoivent des dizaines de demandes chaque jour. Vous devez montrer votre intérêt certain pour ne pas passer en bas du panier.

La visite : avant, pendant, après

Voici les informations essentielles que vous devez obtenir avant ou pendant votre visite :

- Prix d'achat.
- Surface carrez (avec un plan de l'appartement à l'appui).
- Annexes (cave, parking, box, etc).
- Montant annuel des charges de copropriété (et ce qui est inclus dans les charges).
- Système de chauffage (chauffage au sol, au gaz, électrique, etc.).
- Fenêtres en simple ou double vitrage.
- Montant de la taxe foncière.
- État général de l'appartement (salle de bains à refaire, sols à refaire, etc.).

Avec ces informations basiques, vous allez pouvoir vous projeter financièrement dans cet appartement. L'objectif est de savoir rapidement s'il a besoin de travaux importants pour l'aménager à votre convenance (réalisation d'une quatrième chambre, par exemple) et quelles seront les charges récurrentes.

Pour qu'un projet immobilier soit rentable, les bénéfices bruts doivent être conséquents. La différence entre le montant de vos charges mensuelles et des revenus locatifs mensuels doit être de plusieurs centaines d'euros au minimum. Je ne parle pas de taux de rentabilité, car je trouve que cette variable n'est pas assez concrète.

Vos charges mensuelles regroupent l'ensemble des charges du projet : prix d'achat, frais de notaire, budget travaux, charges de copropriété, charges d'eau et d'électricité, taxe foncière, etc. Si vous avez des revenus locatifs estimés à 1200 € par mois et que vos charges mensuelles sont estimées à 1050 €, n'investissez pas. Votre marge de 150 € n'est pas suffisante pour générer un revenu complémentaire et pour couvrir les dépenses imprévues.

Chaque appartement que vous allez visiter aura des revenus potentiels et des charges estimées différents. C'est pourquoi il est important que vous réalisiez plusieurs visites avant votre achat... Il n'y a pas un nombre moyen d'appartements à visiter au minimum avant de rédiger une offre d'achat. Il n'y a pas non plus une durée moyenne de recherches. J'ai acheté mon deuxième appartement en deux semaines après avoir réalisé trois visites. À l'inverse, j'ai acheté mon quatrième appartement après trois mois et une dizaine de visites.

L'important, c'est que votre projet soit rentable. Continuez vos visites jusqu'à trouver le bon investissement. Ne soyez pas impatient ni frustré au bout de la quinzième visite. Essayez d'obtenir un maximum d'informations générales – mentionnées plus haut – avant vos visites, afin d'éviter un déplacement inutile.

Petit conseil, prenez systématiquement une vidéo de l'appartement en fin de visite. Après avoir vu une dizaine d'appartements, il vous sera impossible de vous rappeler si le deuxième était en bon état ? S'il était lumineux ? S'il était bruyant ? etc.

Dernier conseil : pour réussir dans le business de l'immobilier, il faut avoir de l'argent ou du temps. Si vous n'avez ni l'un ni l'autre, faites les choix nécessaires pour avoir plus de temps ou plus de revenus.

Une visite concluante

Mais ça y est ! La visite de cet appartement a confirmé la rentabilité théorique du projet. Vous devez engager rapidement plusieurs actions en parallèle.

1/ L'offre

Tout d'abord, vous devez rédiger une offre d'achat écrite et l'envoyer au propriétaire ou à l'agent immobilier. Tentez toujours de négocier, cela ne coûte rien. Mais soyez prêt à augmenter rapidement votre offre si le propriétaire refuse. Il serait dommage de passer à côté d'un projet de 200 000 € qui vous rapportera toute votre vie (et celles de vos enfants !), car vous n'avez pas augmenté votre offre de 2 000 €. Donc, soyez ultra réactif durant cette étape pour que « le super projet rentable » ne vous passe pas sous le nez.

L'intérêt de rédiger rapidement une offre d'achat est multiple. Vous pourrez ainsi « bloquer » l'appartement si le propriétaire accepte. Autrement dit, il ne pourra plus accepter une autre offre, même si celle-ci est plus élevée. Le deuxième avantage concerne le délai de rétractation. Vous disposez de deux semaines pour annuler votre offre sans avoir besoin de vous justifier. Profitez-en pour organiser une ou plusieurs contre-visites.

2/ L'intérêt des contre-visites

Réalisez ces visites avec plusieurs personnes : vos parents, vos amis, des connaissances qui habitent dans le quartier, etc. Pourquoi ? Simplement car une paire d'yeux et une visite de trente minutes ne sont pas suffisantes pour prendre une décision objective. Vos accompagnateurs (même s'ils ne sont pas dans l'immobilier) vont vous donner leurs impressions, et c'est une mine d'or pour confirmer ou infirmer les vôtres. Voici quelques réflexions de mes accompagnateurs :

« Je suis venu à vélo jusqu'à ton appartement, la rue est remplie de commerces de proximité. C'est top. »

« La salle de bains ne possède aucune aération et on dirait que le plafond a été repeint pour cacher les traces d'humidité. Tu avais remarqué ? »

« L'ascenseur est petit et tu es au huitième étage. Comment vas-tu prévoir tes travaux et l'installation des meubles ? »

« La cuisine devra être améliorée. Car il n'y aura jamais assez de rangement pour quatre personnes ! »

« Je viens de mettre en eau l'appartement en tournant la vanne d'arrêt et il y a une fuite au niveau de la douche. »

3/ Les documents à éplucher

En parallèle, vous devez lire attentivement les documents rendus obligatoires par la loi ALUR. Ces diagnostics vous permettront de vérifier l'exactitude des informations qui ont été fournies par le propriétaire ou l'agent immobilier. Vous allez ainsi pouvoir vérifier la surface exacte de l'appartement, s'il y a des anomalies électriques, ou encore si l'appartement se trouve dans une zone inondable.

Vous devez aussi obtenir les éléments relatifs à la copropriété. Règlement de copropriété, carnet d'entretien de l'immeuble, procès-verbaux des trois dernières assemblées générales, etc. Ces éléments vous permettront de vérifier si les charges de copropriété sont bien celles qui vous ont été indiquées. Vous pourrez également savoir si des travaux vont être votés prochainement (ce qui pourrait impliquer des coûts supplémentaires).

Enfin, vous devez connaître les projets d'aménagement prévus par votre commune qui peuvent changer votre quartier. Favorablement ou défavorablement. Par exemple, vous pouvez vous renseigner sur le site internet de la mairie de la ville ou contacter directement le service urbanisme. L'installation d'une nouvelle ligne de tramway au coin de votre rue ou la construction d'un immeuble de quatre cents logements en face de votre petite copropriété aura un impact significatif. Ne pas le savoir pourrait être catastrophique.

Mémo à l'usage des futurs acheteurs

Vous l'aurez compris, lorsque vous prévoyez de rédiger une offre d'achat, vous devez réaliser trois niveaux de vérification. En voici un résumé :

Comment obtenir des informations sur votre appartement ?

- Lecture des diagnostics obligatoires (surface, énergétique, etc.).
- Réaliser plusieurs visites avec des personnes de votre entourage.

Comment obtenir des informations sur votre copropriété ?

- Lecture des documents obligatoires (procès-verbal d'assemblée générale, appels de charges, taxe foncière, etc.).
- Contacter votre futur syndic (« Y a-t-il des procédures en cours ? », « Y a-t-il beaucoup de copropriétaires débiteurs ? », etc.).
- Se renseigner auprès du futur voisin de palier (« La copropriété est-elle calme et propre ? », etc.).

Comment obtenir des informations sur votre quartier ?

- Consulter les informations disponibles sur le site internet de votre mairie (Plan local d'urbanisme, grands projets d'aménagement, etc.).
- Prendre rendez-vous avec le service de l'urbanisme.

Le risque zéro n'existe pas en immobilier. Mais si vous appliquez ces trois niveaux de vérification, les risques deviendront minimes. Ainsi, vous avez jusqu'à la fin du délai de rétractation (deux semaines) pour lire ou rassembler toutes ces informations.

Pendant ces deux semaines, continuez vos visites. Peut-être que le prochain appartement sera encore plus rentable ! Dans ce cas, vous n'aurez qu'à vous rétracter sur votre ancienne offre.

L'immobilier est une affaire de temps. Soyez le premier à sortir votre offre d'achat. Mais soyez aussi le premier à prendre du recul pour effectuer rigoureusement les vérifications nécessaires. Surtout si le projet semble être une « très bonne affaire ». Profitez donc de cette période de rétractation pour vous renseigner sur le profil du vendeur : est-ce un particulier ? Un marchand de biens ? Il n'est pas rare que certains marchands mettent par exemple une couche de peinture fraîche au plafond pour cacher un défaut d'humidité dans une pièce. Le bien que vous achetez est-il déjà loué ? Si oui, vérifiez par tous les moyens que les locataires actuels sont à jour de leur loyer. Certains de vos travaux sont-ils soumis à l'approbation de la copropriété ? Ouverture d'un mur porteur, changement des fenêtres, etc., sont autant d'éléments qui peuvent être refusés dans certaines copropriétés. En cherchant systématiquement à éclaircir les zones d'ombres, vous évitez les mauvaises surprises et vous capitalisez sur votre tranquillité d'esprit.

Étape N° 8

La signature du compromis de vente et la signature de l'acte authentique

Le propriétaire a contresigné votre offre d'achat. Bravo ! Les choses sérieuses commencent.

Avant de pouvoir récupérer les clés de votre (futur) appartement, vous devez signer deux fois le même contrat avec le vendeur dans un certain délai. Dans un premier temps, vous allez signer le compromis de vente. Ensuite, vous allez renouveler votre accord ; on parle alors de signature de l'acte authentique ou de signature définitive. Cette procédure prendra en moyenne deux à trois mois. Ce contrat est d'une importance absolue. Il permet de déterminer ce que vous achetez, pour quel prix, dans quel délai, dans quel état, etc.

L'importance du notaire pour la signature du compromis

Un notaire n'intervient pas nécessairement pour la signature du compromis de vente. Certaines agences vous proposeront (voire vous forceront) à signer ce contrat dans leurs locaux sans notaire pour témoin. Je vous le déconseille fortement. Pourquoi ? Premièrement, car ce contrat a une importance absolue et doit être rédigé par un professionnel assermenté par l'État. Deuxièmement, car les agences immobilières ont déjà du mal à faire correctement leur métier (pour plusieurs raisons : manque de connaissances, sous-effectif, etc.), alors ne leur donnez pas une mission supplémentaire d'une importance aussi élevée. Troisièmement, car le montant des frais de notaire reste le même. En effet, ce n'est pas parce que vous prenez un notaire ou non pour la signature du compromis de vente qu'il y aura une différence sur le montant total des « frais de notaire » que vous aurez à payer à la fin.

Vous l'aurez donc compris, l'intervention d'un notaire est essentielle pour la signature de ce document.

Afin de défendre au mieux vos intérêts, allons encore plus loin : je vous conseille fortement de faire intervenir VOTRE notaire. Si le vendeur a lui aussi un notaire, aucun souci, la procédure prévoit la possibilité d'inclure un notaire vendeur et un notaire acheteur. Ainsi, vous bénéficiez d'une double vérification par deux professionnels assermentés, dont un qui défend vos intérêts (puisque c'est le vôtre). Voyez votre notaire comme un avocat. Il fera en sorte de vérifier les documents que vous signez ainsi que les clauses du contrat.

Cela coûte-t-il plus cher de faire intervenir deux notaires ? Absolument pas. Magique ! Ainsi, vous paierez le même prix pour les services de deux professionnels. Alors oui, certains vous diront qu'avec deux notaires, la procédure peut prendre plus de temps (notamment pour fixer un rendez-vous avec tout le monde). Ils ont tout à fait raison. Mais pour ma part, quand j'investis plusieurs centaines de milliers d'euros dans un projet de vie, je ne suis pas à deux semaines près.

En incluant deux notaires dès le compromis, vous minimisez grandement les risques d'erreur ou de manipulation. Pour ma part, je prends une dernière précaution : lors de cette première signature, je réalise un enregistrement audio de nos conversations (après accord préalable des personnes présentes). Je pars du principe que si une personne refuse l'enregistrement, elle a quelque chose à cacher et donc je le sais tout de suite. Pour l'instant, je n'ai jamais eu de refus.

Si vous n'avez pas encore de notaire, demandez ses coordonnées à une personne de votre entourage. La prise de contact est souvent très simple et rapide.

Est-ce nécessaire de prendre autant de précautions ? Je pense que oui. Il y a quelques années, mes parents ont acheté un appartement dans une copropriété qui était « frappée d'un arrêté d'insalubrité ». Légalement, la vente ne pouvait pas se réaliser. Pourtant, un agent immobilier en relation avec un notaire mal intentionné a réalisé la vente. Il en résulte une procédure de plusieurs années avec des frais de justice de plusieurs dizaines de milliers d'euros. La situation aurait pu être évitée si un second notaire avait été présent et si un enregistrement audio avait été mis en place.

La signature du compromis

Je vous encourage donc à commencer le rendez-vous pour la signature du compromis de vente de la manière suivante : « Bonjour, je me permets d'enregistrer la conversation aujourd'hui afin de prendre des notes plus rapidement et d'éviter les malentendus. » Une fois cette annonce réalisée, une personne mal intentionnée aura tout intérêt à ne pas continuer la transaction. Vous évitez ainsi les mauvaises surprises qui arriveront après la vente (vices cachés, etc.).

Durant ce rendez-vous, prenez le temps nécessaire pour poser toutes vos questions. Si des éléments ne vous paraissent pas cohérents, n'hésitez pas à insister. Si l'ensemble des éléments semblent vous convenir, vous pourrez vous rétracter dans un délai de dix jours. Durant cette période, je vous conseille de relire le compromis à tête reposée.

La plupart des compromis de vente intègrent une clause suspensive concernant l'obtention de prêt immobilier. Si vous n'obtenez pas votre prêt, la vente sera annulée. Dans ce cas, vous devez apporter une preuve de « refus de prêt immobilier » (e-mail ou attestation de votre banque). Vous serez ainsi remboursé intégralement des sommes versées au préalable.

C'est parti !

Une fois le compromis signé, vous devez donc canaliser votre énergie pour obtenir un prêt rapidement auprès de la banque que vous avez précédemment identifiée. Rappelez-vous : vous êtes le chef de votre projet. Jusqu'à la signature de votre prêt, il sera nécessaire de relancer votre conseiller bancaire ou votre courtier pour faire avancer celui-ci. Pourquoi ? Car ils sont souvent seuls à gérer plusieurs dizaines de dossiers comme le vôtre...

En parallèle, vous devez anticiper les prochaines étapes et affiner votre projet concernant les travaux nécessaires pour la mise en location. Ainsi, n'hésitez pas à solliciter votre agent immobilier pour réaliser une visite supplémentaire, avec un artisan, par exemple. En revanche, ne vous engagez jamais auprès d'un artisan avant la signature de l'acte authentique (c'est-à-dire avant la remise officielle des clés). Pourquoi ? Car la vente peut ne pas aboutir pour plusieurs raisons (refus de prêt, incendie, inondation, etc.). Vous ne pouvez donc pas risquer d'acheter « en avance » du mobilier ou d'engager des travaux.

Une fois votre offre de crédit signée, vous devez prévenir votre notaire afin de procéder à la signature de l'acte authentique. Vous signez alors une deuxième fois le contrat, car toutes les conditions suspensives ont été levées (vous avez eu votre prêt, par exemple).

Avant cette signature, vous devez toutefois exiger une dernière visite de l'appartement afin d'éviter les mauvaises surprises. Lors de cette dernière visite (souvent la veille de la signature), vous devez vérifier les éléments suivants :

• Que les locaux soient vides (appartement, balcon, cave, box, parking, etc.).

• Que toutes les clés soient réunies (clés de la boîte aux lettres, cave, badge du parking, etc.).

• Que les compteurs soient à jour (prenez une photo des compteurs d'eau chaude, eau froide, gaz, électricité, et envoyez-les par e-mail au notaire et à l'agent immobilier). Vous aurez ainsi une trace écrite, en cas de litige sur les relevés de compteurs.

Une fois ces dernières vérifications effectuées, vous pouvez signer en toute tranquillité (ou presque).

Étape Nº 9

Les travaux

Ça y est ! Les clés sont dans votre poche et vous êtes impatient d'emménager dans votre appartement. Tous les espaces doivent être pensés et optimisés pour accueillir une colocation de trois, voire quatre personnes.

Dans ce chapitre, nous allons répondre à plusieurs questions pour réaliser cet aménagement :

- Comment optimiser l'espace ?
- Qui réalise les travaux ?
- Combien ça coûte ?
- Quels sont les délais ?

Comment optimiser l'espace ?

Vous devez pouvoir répondre facilement à cette première question. Pourquoi ? Car à ce stade du projet, vous avez déjà la réponse. Petit indice : maximiser le nombre de pièces qui pourront accueillir vos locataires idéals.

Les nombreuses visites que vous avez réalisées avant la remise de clés vous ont permis d'affiner votre projet d'aménagement. Ainsi, vous avez réalisé deux plans de l'appartement avec les cotes exactes, avant et après rénovation. Aussi, vous avez identifié les murs porteurs ainsi que le réseau de plomberie et d'électricité. Un artisan ou une connaissance vous ont peut-être aidé.

Une fois ces éléments en poche, vous avez réalisé un plan 3D de votre projet, avant et après les travaux. Cette étape est rendue possible grâce à des sites gratuits et faciles à utiliser tels que Flooplanner, par exemple.

L'objectif est d'avoir une idée très précise de la structure de votre appartement afin de le moduler au mieux. Dans ce domaine, cette phrase doit rester ancrée dans votre esprit : « La préparation, c'est le résultat. » Vous devez donc savoir précisément où vont se trouver les nouveaux éléments et les raccordements (eau, électricité) qui seront nécessaires pour réaliser votre projet.

Exemple : vous avez un double-séjour que vous souhaitez transformer en chambre (très bonne idée). Plusieurs vérifications sont obligatoires au préalable :

• Avez-vous vérifié la surface exacte de la future chambre ? Plus de $9m^2$?

• Avez-vous vous vérifié s'il y avait un interrupteur ? Un plafonnier ? Des prises murales ? Si oui, combien ?

• Y a-t-il un radiateur ?

• Où allez-vous positionner le lit ? Le dressing ? Le bureau ?

• Etc.

Autre exemple : vous souhaitez transformer une loggia en une seconde salle d'eau (très bonne idée aussi). Plusieurs vérifications également :

• Un tuyau d'évacuation est-il à proximité ?

• Des tuyaux d'eau chaude et d'eau froide sont-ils à proximité ?

• Y a-t-il un interrupteur ? Un plafonnier ? Une prise pour le sèche-cheveux ?

• Où sera le placard ?

• Etc.

Vous l'aurez compris, plus votre projet sera précis sur le papier, plus la réalisation sera facile et efficace.

Afin d'optimiser au mieux votre logement, je vous conseille de faire au minimum trois chambres. Si vous ajoutez une chambre, je vous conseille d'installer une salle d'eau supplémentaire. Si vous ajoutez encore une chambre, je vous conseille d'installer un w.c. supplémentaire. Dans tous les cas, je préconise l'agencement d'un coin cuisine avec une table à manger et d'un coin salon. La plupart de mes appartements possèdent quatre chambres et deux salles d'eau avec cuisine ouverte sur le séjour. Ces éléments rendent l'appartement agréable à vivre. Et si c'est le cas, vos locataires resteront plus longtemps. Gagnant-Gagnant.

Qui réalise les travaux ?

Ce travail de planification étant réalisé en amont de la remise des clés, il ne vous reste « plus qu'à » exécuter les travaux ou à les faire exécuter. Je vous conseille de les réaliser vous-même ou d'en faire une grande partie. Pourquoi ? Pour plusieurs raisons.

Premièrement, le coût des travaux. Si vous passez par des artisans, le coût des matériaux représente environ un tiers, voire un quart du budget total des travaux. Par exemple, je prévois environ 10 000 € de matériaux pour une rénovation importante d'un 80m^2 (salle de bains, cuisine, salon, fenêtres, chambres, etc.). Si vous faites faire ces travaux, il vous en coûtera entre 30 000 et 40 000 €. Demandez plusieurs devis pour avoir une idée plus précise de ce que cela représente.

Une fois l'appartement rénové, il vous faudra ajouter le coût du mobilier et de l'électroménager. Pour un appartement de quatre chambres, je compte environ 3 000 €. Pour acheter le nécessaire, Cdiscount et Leroy Merlin sont vos partenaires. Avec cette somme, j'équipe chaque chambre de la même façon : sommier, matelas, bureau, chaise, dressing et rideaux. J'ajoute ensuite les équipements suivants, pour les communs : lave-linge, étendoir, réfrigérateur avec congélateur, four, plaque de cuisson, hotte aspirante, table à manger, quatre chaises, canapé, table basse, télévision, meuble télé, aspirateur, vaisselle et quelques éléments décoratifs (rideaux, tableaux, tapis, luminaires, etc.).

Deuxièmement, la réalisation des travaux vous apportera beaucoup de satisfaction et réveillera votre capacité cognitive. Lorsque vous réalisez de A à Z une cuisine et que celle-ci fonctionne à merveille, la valeur ajoutée est incroyable. C'est ultra satisfaisant d'avoir créé de ses mains un espace qui sera utilisé tous les jours pendant des décennies ! « Monter une cuisine tout seul ? Tu es fou, c'est bien trop compliqué ! » Eh bien, non. C'est même plus simple qu'on ne le croit. Les matériaux ont changé et sont accessibles en grandes surfaces. Assembler ces matériaux devient également bien plus facile avec le nombre incroyable de tutoriels, vidéos, etc., disponibles gratuitement sur Internet. Et si vous avez besoin d'aides ponctuelles : nous avons tous un ami ou une connaissance qui a des compétences dans le bâtiment. Si, malheureusement, vous ne connaissez personne : sortez dans les bars à la recherche de quelqu'un qui vous aidera ! Plus sérieusement, vous pouvez vous faire aider par des personnes à proximité pour quelques dizaines d'euros via des applications comme « AlloVoisins ». Tout s'apprend si vous êtes motivé, méthodique et déterminé. J'en suis la preuve vivante. Hier encore, je ne savais pas comment différencier une mèche à bois d'un foret métal et aujourd'hui je rassemble les compétences de plusieurs artisans réunis. Et n'oubliez pas : si votre niveau de motivation baisse durant les travaux, pensez immédiatement au résultat formidable que vous allez obtenir.

Troisièmement, les délais et la qualité. Aussi paradoxal que cela puisse paraître, lorsque vous achetez personnellement des produits, vous prendrez de la qualité. Pour être sûr de n'avoir aucun problème par la suite. Un artisan prendra un produit qui ne lui revient pas trop cher, pour conserver sa marge. Idem sur la réalisation des travaux : si un détail vous chagrine, vous allez corriger naturellement votre travail. Certains artisans n'ont pas cette « conscience professionnelle ». Pour ce qui est des délais, le constat est similaire. Il est souvent plus rapide de les réaliser soi-même. Pourquoi ? Car la plupart du temps, il faut faire intervenir plusieurs artisans pour que le chantier se réalise. Et chaque artisan a son propre planning...

Enfin, la maintenance. Ce point est très important. Vous savez comment l'appartement a été réalisé dans ses détails ; ainsi, vous serez autonome pour tous les petits aléas que vos locataires pourront rencontrer : poignée cassée, joints de la douche à refaire, tringle à rideaux à refixer, siphon à changer, etc. Ces interventions seront nécessaires et ne vous coûteront (presque) rien si vous savez les réaliser.

Ces quelques raisons devraient suffire à vous convaincre. Mais vous allez devoir aménager votre agenda pour réaliser les travaux : le soir après le travail, les week-ends et pendant vos vacances. Est-ce que ça vaut le coup ? À 100 % : Oui ! Si toutefois il vous est « impossible » d'allouer plus de temps pour ce projet ou si tout simplement vous avez des ressources financières suffisantes, vous pouvez faire faire les travaux. Dans ce cas, je vous conseille de demander plusieurs devis. Vous pourrez ainsi comprendre le détail des interventions en échangeant avec les artisans et faire jouer la concurrence lorsque vous négocierez le prix final de la prestation.

Combien ça coûte ?

Alors, combien ça coûte la rénovation d'un appartement ?

Petit rappel : oui, acheter un appartement à rénover est l'objectif. Pourquoi ? Car :

• Vous allez le payer moins cher.

• Vous pourrez l'agencer de façon optimale et ainsi obtenir une rentabilité maximum.

• Vous ne paierez pas d'impôt au début : les travaux étant des charges, vous allez faire du déficit.

Le prix des prestations de travaux augmente chaque année et c'est normal (inflation). Je vais donc vous fournir des chiffres qui valent pour 2018-2019. Pour réaliser 4 chambres, 2 salles d'eau, 1 w.c., 1 cagibi, 1 salon et 1 cuisine, vous aurez besoin de 85 m^2 en moyenne. Une rénovation profonde d'un appartement de 85 m^2 vous coûtera environ 15 000 € en matériaux. Pour être précis, la rénovation inclut les éléments suivants :

- rénovation totale des deux salles d'eau, du w.c. et de la cuisine ;
- pose d'un parquet stratifié ;
- changement du tableau électrique ;
- démolition, évacuation ;
- changement des fenêtres ;
- réalisation des cloisons ;
- peinture de toutes les pièces ;
- achat de l'électroménager (réfrigérateur, télévision, etc.) et des meubles (dressing, bureau, etc.).

Si vous passez par des artisans, la rénovation complète vous coûtera environ 45 000 €.

Bien sûr, chaque projet est différent et le chiffrage devra être affiné en fonction des travaux nécessaires.

Quels sont les délais ?

Sur ce type de rénovation, il vous faudra compter environ 4 mois entre la demande de devis et la fin des travaux par les artisans.

Si vous réalisez les travaux vous-même, les délais varient énormément. Dans le cas le plus optimiste, où vous sacrifiez vos soirées, week-ends, RTT, et que vous demandez un maximum d'aide à vos proches, vous pouvez clôturer le chantier en 2 à 3 mois…

Étape N° 10

La mise en location

Votre appartement doit être ultra équipé et décoré, c'est ce qui vous démarquera de la concurrence.

L'installation

Pour le mobilier et l'électroménager, vous pouvez vous faire livrer directement via des sites comme Cdiscount ou Amazon. Les prix sont agressifs et la qualité au rendez-vous. Ainsi, je propose l'équipement suivant pour les chambres :

- un lit deux places (140 x 200 cm) et son sommier ;
- un bureau avec des rangements et une chaise ;
- un grand dressing ;
- un mini étendoir ;
- des tringles à chaque fenêtre et de beaux rideaux.

Pour ce qui est de l'électroménager, je propose tout le nécessaire :

- grand réfrigérateur avec son congélateur ;
- four ;
- plaques de cuisson vitrocéramique ou à induction ;
- hotte aspirante ;

• lave-linge.

En plus de ces éléments, je vous conseille d'installer de nombreux espaces de rangement dans la cuisine et dans la salle de bains.

Vous avez fait le plus dur et vous êtes fatigué. C'est normal. Mais ne vous relâchez pas. Il vous faut ajouter quelques éléments de décoration qui feront toute la différence lors des visites. Vous pouvez ainsi acheter (neuf ou d'occasion) : de beaux luminaires, quelques tableaux, un tapis ou encore des plantes.

Tous ces éléments vous permettront d'être ultra efficace lors des visites, l'objectif étant une visite = un dossier déposé. Ils vous permettront également de garder votre locataire le plus longtemps possible, car votre appartement sera agréable à vivre et fonctionnel.

Une annonce parfaite, des visites efficaces

Ça y est ! Tout est en place. Vous passez le dernier coup de serpillière et vous ajustez le tapis pour qu'il soit parfaitement aligné avec le canapé. Boum. Votre appartement est prêt à recevoir ses premiers visiteurs.

Avez-vous pensé aux derniers détails : avez-vous un jeu de clés pour chaque locataire (badge, porte d'entrée, boîte aux lettres, etc.) pour tous les locataires ? Avez-vous pensé à acheter un aspirateur ? Un balai ? Des produits d'entretien ? De la vaisselle ? Si oui, vous pouvez prendre les photos de votre appartement. De belles photos, j'insiste. N'hésitez pas à demander à un ami qui a un appareil photo disposant d'un objectif grand-angle. Une belle photo du salon/cuisine, une belle photo d'une chambre et d'une salle de bains. Ces premiers clichés sont importants, car ils serviront de base pour toutes vos futures annonces. Exemple, après un an de bail, un de vos locataires part. Si deux locataires sont encore en place, les pièces communes de l'appartement seront habitées et cela va se voir. Votre salle de bains sera donc beaucoup moins esthétique en photo avec une trousse de toilette, du vernis, des brosses à dents posés sur le meuble. Il vous sera difficile d'avoir un appartement à 100 % présentable en photo une fois que les locataires auront emménagé.

Les superbes photos en mode « grand-angle » ou « panorama » ont été prises. Vous pouvez les publier sur les deux plus grands sites d'annonces en France : LeBonCoin et SeLoger. Pas la peine de s'étendre. Ces deux sites gratuits doivent drainer 90 % du trafic des personnes intéressées.

Construisez votre annonce avec méthode. Vous ciblez des étudiants ou des jeunes actifs ? Voici les éléments qui les intéressent :

- La description de l'appartement (le nombre de pièces, etc.).
- Les meubles et l'électroménager à disposition.
- La proximité avec les transports à pied (métro, tram, bus et station de vélos).
- La proximité avec les commerces et les établissements scolaires.
- La place de parking ou le garage à vélos à disposition.
- Les charges incluses dans le loyer. Pour ma part, je vous conseille d'inclure les éléments suivants : eau chaude, eau froide,

chauffage, électricité et abonnement internet. Le locataire paie un loyer fixe « tout compris », il n'a qu'à poser ses valises.

• L'éligibilité de l'appartement aux aides aux logements (APL).

• Le type de bail (bail collectif sans clause de caution solidaire entre les locataires ou bail individuel). Cet élément rassure le locataire qui ne connaît pas forcément les autres colocataires, et qui ne souhaite pas se porter garant de ces derniers.

• Le prix du loyer ainsi que la date de disponibilité de l'appartement.

Votre annonce doit être concise, mais doit rassembler tous ces éléments importants. Pourquoi ? Car plus votre annonce est complète, moins vous passerez de temps à répondre aux questions des personnes intéressées...

Je vous conseille d'inclure dans votre annonce la consigne suivante : « Si vous souhaitez planifier une visite, merci de me contacter uniquement par e-mail ou SMS avec une rapide description de votre situation. » Cette phrase vous permettra de ne pas être dérangé toute la journée. Vous pourrez ainsi consulter toutes les demandes quand vous le souhaiterez et vous pourrez commencer à faire un tri.

Dans une grande ville (supérieure à 100 000 habitants), un appartement en colocation qui offre de belles prestations reçoit environ une soixantaine de demandes quarante-huit heures après sa publication (surtout si vous publiez votre annonce en début d'année scolaire). La moitié des demandes ne vont pas correspondre à vos profils recherchés. Le tri sera donc beaucoup plus simple si vous devez simplement répondre à un e-mail plutôt que de passer cinq minutes au téléphone avec les soixante personnes intéressées.

Ensuite, je vous conseille d'organiser des visites groupées (six à sept visiteurs maximum). Demandez aux personnes intéressées de vous envoyer leur dossier uniquement par e-mail.

Proposez une date de rendez-vous pour la signature le lendemain ou le surlendemain de la visite.

Si vous suivez ces étapes clés, votre appartement sera loué en quelques jours avec des colocataires correspondant parfaitement à vos locataires idéals. Une fois le bail signé et la remise des clés effectuée, je vous conseille de rester disponible pendant quinze jours. C'est durant cette période « d'emménagement » que les colocataires seront le plus susceptibles de vous appeler. Pour une clé qui ne fonctionne pas bien, une petite fuite à cause d'un joint mal réalisé, le mot de passe de la box WiFi, etc.

Après ces quinze jours, vous devriez normalement être tranquille. Il vous faudra simplement vérifier que les loyers sont bien versés.

Étape N° 11

Le bail et l'état des lieux

Avant de remettre les clés au locataire, il vous faut impérativement signer des documents d'une grande importance : le bail et l'état des lieux d'entrée. En cas de pépin avec votre locataire, ces documents font office de référence. Il est capital de les préparer sérieusement.

Comment faire ? Dans un premier temps, utilisez Internet. Il est facile et gratuit de trouver des modèles de baux meublés. Vous allez ainsi retrouver les clauses essentielles de ce type de contrat : identification des parties signataires, identification du bien, du loyer, des charges, clauses résolutoires, etc. Cependant, ces modèles sont trop standardisés pour vous protéger complètement. Il va falloir que vous ajoutiez des clauses spécifiques à votre projet.

Vous pouvez ainsi indiquer des notions importantes et les conséquences en cas de non-respect. Voici les différents chapitres qui constituent mon modèle de bail :

1. **Désignation des parties :** informations relatives au bailleur et au locataire (nom, prénom, date de naissance, adresse e-mail, téléphone, etc.).

2. **Consistance du logement :** type d'appartement, année de construction, type de chauffage, adresse, surface, etc.

3. **Consistance de la chambre :** surface, numéro de la chambre, équipements (bureau, chaise, lit, etc.), etc.

4. **Date de prise d'effet du contrat :** il s'agit souvent de la date de remise des clés au locataire.

5. **Durée du contrat et préavis :** elle est en moyenne de un à deux ans reconductibles. Le préavis est d'un mois en location meublée. J'exige que le locataire m'envoie un e-mail en plus d'une lettre postale avec accusé de réception, afin d'en être informé le plus tôt possible.

6. **Loyer :** Le montant du loyer et des charges sont à préciser dans ce chapitre. Il est nécessaire de détailler les charges incluses : eau chaude, eau froide, WiFi, etc. Je précise également les modalités de paiement : « Paiement du loyer à terme à échoir », ce qui signifie en début de mois. J'oblige également les locataires à mettre en place un virement automatique permanent sur votre compte bancaire. De ce fait, vous n'aurez normalement aucun retard de paiement et aucune relance à envoyer. Si votre locataire arrive au milieu du mois, vous pouvez également inscrire le prorata du loyer qu'il devra verser.

7. **Caution :** environ 600 € par locataire. Une caution élevée vous permettra de dissuader fortement les personnes qui pourraient dégrader votre bien.

8. **Assurance :** point essentiel. Vous devez, en tant que bailleur, souscrire à une assurance « propriétaire non occupant ». Vous devez également obliger les colocataires à assurer leur chambre et les parties communes. Exigez une attestation d'assurance de la part du locataire lors de la signature.

9. **Détails des charges :** si vous louez une chambre avec (presque) toutes les charges incluses dans un « forfait », vous devez les détailler et les chiffrer. Exemple : le loyer est de 400 € et les charges de 80 €. Vous avez mentionné que dans les charges, il y avait :

- les charges de copropriété ;
- eau froide : quelle quantité ? Illimitée ? 40m^3/an/personne ?
- eau chaude : idem, vous devez inscrire un montant ;
- électricité et gaz : idem. Des estimations moyennes sont disponibles sur Internet. Vous pouvez ajouter qu'un relevé de tous les compteurs sera effectué à chaque sortie d'un des colocataires. En cas de dépassement, vous pouvez indiquer que les frais seront répartis entre les colocataires présents ;
- Inclure un abonnement WiFi est extrêmement pratique pour les colocataires. Mais attention, vous êtes légalement le responsable en cas de téléchargement payant ou illégal. Vous pouvez donc vous protéger en mentionnant deux éléments : que le forfait internet souscrit ne prend pas en compte les abonnements supplémentaires (VOD, Netflix, etc.), et que le locataire sera responsable en cas de téléchargement illégal (plus d'informations sur le site Hadopi.)

10. Espaces communs et privatifs : vous devez détailler précisément ces espaces et les conséquences en cas de dégradation. Vous pouvez par exemple ajouter : « Si la chambre du locataire n'est pas propre, un forfait ménage de 60 € sera retenu sur sa caution. » Ou encore : « Si la cave n'est pas vidée, un forfait de 60 € sera retenu sur sa caution. » Vous pouvez ainsi afficher concrètement les conséquences en cas de dégradations. Plus ces éléments sont clairs et précis pour les locataires, moins vous aurez de surprises.

11. Clause résolutoire : là encore, vous pouvez facilement trouver une clause toute faite sur Internet. Elle détaillera la procédure en cas de non-paiement des loyers, les indemnités de retard ou encore les troubles du voisinage.

12. Honoraires : vous pouvez ajouter que les prestations de visite, la rédaction du bail ou encore de l'état des lieux d'entrée et de sortie coûtera 0 € au locataire. Ça fait toujours plaisir (au locataire).

13. Annexes : vous devez annexer plusieurs éléments.

- l'état des lieux d'entrée ;
- une notice d'information locataire-bailleur (un lien internet suffira) ;
- une lettre manuscrite du garant (si vous en demandez un) ;
- l'attestation d'assurance du locataire ;
- votre RIB sur lequel les loyers devront être versés ;

14. Date et signature.

Pour l'état des lieux, prenez le modèle le plus exhaustif que vous trouverez sur Internet. Mentionnez sur celui-ci que tous les éléments sont en très bon état (si vous venez de rénover votre appartement).

Le locataire aura ensuite 10 jours pour le modifier. Demandez-lui de vous envoyer une photo par e-mail s'il constate une anomalie durant cette période. Prenez également la valeur de tous les compteurs en photo.

Ensuite, pour ma part, je rassemble tous ces documents signés dans un document PDF que j'envoie au locataire. C'est très pratique, car toutes les informations sont dans un seul document (bail, état des lieux, lettre du garant, attestation d'assurance, relevé des compteurs, etc.). Si vous avez plusieurs locataires, ce procédé vous permettra de gagner un temps précieux.

Ces documents sont fastidieux à rédiger, je vous l'accorde. Mais une fois que vous les aurez mis en place, vous pourrez les réutiliser pendant des années. Et rappelez-vous : des documents contractuels clairs, précis et complets permettent d'éviter les conflits ainsi que de préserver l'état de votre bien.

Étape N° 12

La gestion et la fiscalité

« On pensera aux impôts plus tard », ou encore « Les impôts sont un problème de riches ». Si seulement c'était le cas…

La question de la fiscalité doit se poser dès votre premier achat. Pourquoi ? Car la fiscalité peut ruiner votre business. La France est loin d'être un paradis fiscal pour ce qui est des revenus locatifs. Je vais ainsi partager avec vous quelques conseils pour voir plus clairement dans cet univers complexe.

Avant toute chose, partez du principe qu'il faut déclarer chaque euro gagné à l'administration fiscale. L'immobilier apporte déjà son lot de mauvaises surprises. Ne risquez pas un contrôle fiscal. Sachant que le fisc peut remonter plusieurs années en arrière (trois à cinq ans), vous ne serez jamais tranquille si vous commettez une fraude. Être serein et libre est l'objectif du livre. Certains me disent que les règles sont parfois floues (en mentionnant les meublés de tourisme via les plateformes comme Airbnb ou Booking) et se cachent derrière ces affirmations pour ne pas déclarer leurs revenus locatifs. C'est à la fois très dangereux et pas vraiment intègre… C'est dangereux, car vous vous exposez à un contrôle fiscal aux graves conséquences en cas de fraude. Sur le plan de l'intégrité, c'est quelque chose de plus personnel. En France, si dans votre vie vous avez bénéficié du système éducatif, du système de santé ou encore du système des allocations logement ou chômage, il est normal que vous reversiez une partie de vos revenus à l'État français. Contribuer à la société est gratifiant. Ne pas le faire est non seulement illégal, mais vous transforme en escroc. Personnellement, je n'aime pas les escrocs et ce n'est pas des personnes que je souhaite fréquenter.

Ainsi, vous savez qu'il est nécessaire de déclarer ses revenus à partir du premier euro gagné. De quelle manière ? Les sources d'informations ne manquent pas sur Internet. Un moyen encore plus simple est de se tourner vers un cabinet d'expertise comptable ; ils vous diront à peu près tous la même chose : « Pour diminuer le montant de ses impôts, il faut faire du déficit. » Pour créer du déficit, il faut des charges reliées à votre activité. Lorsque vous achetez un bien immobilier, vous pouvez déduire les frais de notaire de vos futurs revenus locatifs. Si vous faites des travaux de rénovation (c'est le but), vous pourrez également déduire ces charges de vos revenus. Dès le début, vous aurez beaucoup de charges, et c'est tant mieux. Cela vous permettra de ne pas payer d'impôt la première, voire la deuxième année.

Pour déduire ces charges, vous devez vous transformer en « Loueur meublé non professionnel ». Comment ? Un formulaire et quelques clics sur Internet. Une fois ce statut obtenu, vous avez deux choix entre deux régimes :

• **Le régime forfaitaire :** l'administration fiscale part du principe que vos charges représentent 50 % de vos revenus. Vous avez donc un abattement égal à 50 % de vos revenus. Exemple : vous gagnez 100 €, vous serez imposé sur 50 €. L'avantage de ce régime est la simplicité. Vous n'avez besoin d'aucun comptable pour réaliser votre déclaration.

• **Le régime réel :** le plus intéressant, surtout au début. Vous pourrez ainsi déduire toutes vos charges et même créer du déficit. Exemple : vous gagnez 100 € et le montant de vos charges s'élève à 150 €. Votre déficit sera de 50 €. Vous ne paierez donc pas d'impôt la première année et les -50 € seront reportés sur l'année suivante. Ce régime sera le plus avantageux, car vous pourrez déduire des charges importantes qui sont nécessaires lors du début du projet (frais de notaire, travaux, achat du mobilier, etc.). Par contre, un cabinet comptable sera nécessaire pour établir la déclaration. Ainsi vous serez sûr de votre déclaration et protégé en cas de contrôle.

Entre nous, n'hésitez pas à dépenser 400 € pour un comptable qui vous fera économiser plusieurs milliers d'euros.

Comment trouver un « bon » comptable ? La réponse est plus complexe. Les offres de prestation comptable pullulent sur Internet pour la réalisation de votre déclaration de revenus locatifs et il est difficile de choisir. Un conseil : si l'une de vos connaissances a un « bon » comptable, prenez ses coordonnées et contactez-le.

Si aucune de vos connaissances ne connaît de comptable, tournez-vous vers Internet et demandez plusieurs devis. Comment choisir entre les devis ? Au début, prenez le moins cher et exigez des rendez-vous physiques pour discuter de votre projet et de votre fiscalité. Engagez-vous pour un an seulement. Ce dernier point est très important, car il vous permettra de changer facilement de cabinet comptable si vous êtes déçu de la prestation.

Personnellement, j'ai été déçu par mon premier cabinet comptable, trouvé sur Internet. Pourtant, cette grosse entreprise était spécialisée pour les loueurs meublés non professionnels (LMNP).

Les erreurs ont été multiples : manque de réactivité, mauvais choix comptables, manque de rigueur, etc. Pour un exercice relativement simple, j'ai été très déçu. C'est pour cette raison que vous devez exiger de relire la déclaration d'impôts avec votre comptable lors d'un rendez-vous. Dans le même temps, vous pourrez améliorer vos connaissances en comptabilité et fiscalité. Ceci vous permettra de vous poser les bonnes questions pour votre stratégie d'investissement.

Vous l'aurez compris, l'objectif est de créer du déficit. Des charges importantes pourront alors être déduites de vos revenus et vous paierez un minimum d'impôts (en tout cas au début).

Le fait d'acheter un appartement par an, par exemple, vous permettra d'allonger la période où l'impôt sera minime. Car toutes les années, vous aurez des charges importantes à déduire. Mais ce système a ses limites.

Premièrement, car vos revenus vont augmenter plus vite que vos charges lors d'un achat. Si vous avez quatre appartements en location et que vous achetez un cinquième appartement, les charges de ce cinquième appartement (frais de notaire, etc.) ne seront pas assez importantes pour venir diminuer vos revenus locatifs. Dès lors, si vous avez trois appartements en location, il vous faudrait acheter trois nouveaux appartements d'un coup pour que les charges viennent annuler tous vos revenus. Et ainsi de suite. Ce n'est pas réalisable, car la banque bloquera vos investissements.

Deuxièmement, il vous faut une trésorerie solide ou une banque qui finance toutes les dépenses de votre projet. Si vous achetez un appartement tous les ans (à un prix de 200 000 €), il vous faudra dépenser 15 000 € pour les frais de notaire. C'est pour cette raison que vous avez tout intérêt à ce que la banque finance ces dépenses annexes à l'achat de l'appartement (on se rappelle l'objectif du prêt à 110 %). Sinon, votre trésorerie sera très vite dans le rouge et vous serez bloqué.

Enfin, que vous réalisiez du bénéfice ou non, vous paierez toujours beaucoup d'impôts. Pourquoi, me direz-vous ? Si notre bénéfice est à 0 €, il est logique de ne payer aucun impôt ? Je suis d'accord avec vous, mais l'administration fiscale va vous faire payer de nombreux frais indépendamment de vos résultats :

- frais de notaire (ou encore frais notariés) à chaque nouvel achat ;
- taxe foncière ;
- cotisation foncière des entreprises ;
- taxes de séjour (si vous faites du meublé de tourisme).

Ces frais, taxes, cotisations, etc., inhérents à toute nouvelle transaction, vont directement à l'État, que vous réalisiez du bénéfice ou non. C'est ainsi que chaque année, je paie plusieurs dizaines de milliers d'euros à l'État français alors que mon résultat comptable est proche de 0.

Si le montant de vos revenus locatifs dépasse un certain seuil et que cela représente votre principale source de revenus, la liste des taxes s'allonge. Il est alors nécessaire de créer la structure optimale pour que le paiement des impôts ne devienne pas une hantise. Vous pourrez trouver une solution avec votre comptable (SCI, LMP, SASU, etc.) pour que l'impôt ne donne pas un coup mortel à votre business.

Oui, je sais. Ce chapitre peut frustrer. À quoi bon essayer de gagner de l'argent si on nous prend la moitié, voire plus ? La France est un pays où le niveau des taxes est très élevé. Mais ne désespérez pas. Au contraire, ce constat doit vous forcer à faire les bons choix comptables dès le début. Vous pourrez ainsi vivre confortablement de cette belle activité.

Épilogue

La suite

Ce dernier chapitre est le plus plaisant. Pourquoi ? Car ces quelques appartements que vous achetez vous ont permis de dégager suffisamment de revenus pour être autonome. À ce stade, vous êtes donc libre. Et cette liberté est incroyable.

Pour certains, deux appartements suffiront à atteindre cette autonomie financière. Pour d'autres, il faudra attendre le quatrième, voire le cinquième. Dans tous les cas, vous y arriverez et la récompense sera au rendez-vous.

Une fois que le montant des revenus locatifs est suffisant pour que vous puissiez en vivre, il faut vous poser les bonnes questions : Dois-je arrêter complètement mon activité ? Dois-je continuer de gérer les deux activités en parallèle ? Dois-je négocier une activité à temps partiel avec mon employeur ?

Je n'ai pas la réponse à ces questions. Chaque individu est différent. Je ne peux que vous conseiller d'assurer une transition en douceur. Être à la retraite avant l'âge légal, c'est génial. Mais êtes-vous prêt à disposer d'autant de temps libre ? La réponse devrait être : « Oui ! Évidemment ! » Cependant, l'être humain évolue dans une société rythmée par un travail omniprésent dans notre quotidien, il est par conséquent conformé à ce mode de vie et le changement peut être bouleversant. Certains retraités se retrouvent complètement déboussolés de ne plus travailler dans leur entreprise après trente-cinq ans de bons et loyaux services. Il est donc important de « tester » vos réactions et vos envies durant cette période de transition.

Pour ma part, j'ai choisi de négocier une période de « congés sans solde » ou encore une « mise en disponibilité » de neuf mois avec mon employeur. Cette demande a été acceptée. Je peux ainsi profiter d'une période de plusieurs mois afin d'organiser mon emploi du temps comme je le désire (entre les visites d'appartements, le sport, les voyages, etc.). À l'issue de cette période, j'aurai le choix de reprendre mon activité de salarié à temps plein ou peut-être à temps partiel. J'aurai également le choix de démissionner. Dans tous les cas, ce sera le bon choix, car il sera réfléchi.

Cette phase de transition est importante, car elle vous permettra de définir votre projet et votre stratégie d'investissement. Car oui, vous avez bâti les fondations de votre système financier. Vos revenus locatifs sont stables et vous laissent le choix de réaliser ce que vous souhaitez vraiment faire.

Que souhaitez-vous *vraiment* faire ?

En fonction de vos objectifs, vos futures actions seront radicalement différentes.

Si votre objectif est d'avoir un maximum de temps libre pour profiter de votre famille, faire le tour du monde, etc., vous allez devoir automatiser la gestion de vos appartements (réalisation des visites, rédaction des baux, rédaction des états des lieux, etc.). Comment ? En la déléguant à une agence immobilière. Mon conseil : choisissez une petite agence. Les grosses entreprises (syndic ou gestion) imposent un rythme intenable à leurs salariés qui ne pourront pas faire rigoureusement leur travail. En déléguant cette partie, vous gagnerez un temps considérable. Je vous conseille également de souscrire à une « Garantie loyer impayé » (GLI). Bien sûr, tous ces éléments ont un coût, mais ils vous permettront d'avoir l'esprit tranquille.

Si votre objectif est de continuer à faire du business, je vous conseille de vous diversifier. Vous pouvez continuer vos projets immobiliers tout en créant votre propre entreprise (dans le secteur où vous étiez salarié, par exemple). Ou encore, investir dans le domaine de la bourse (domaine également ouvert aux particuliers avec une mise de départ faible).

Quel que soit votre objectif, ce qu'il faut retenir, c'est qu'il existe plusieurs chemins pour arriver à votre autonomie financière à travers l'immobilier. En fonction de vos contraintes, de vos capacités et de vos objectifs, certains chemins, avec ou sans travaux, par exemple, seront plus optimisés que d'autres. L'autonomie financière est également une notion qui varie selon les individus. Mais une fois atteinte, vous avez le choix de vous concentrer sur ce qui vous plaît vraiment.

Vous avez tous les choix, mais vous n'arrivez pas à choisir votre futur chemin ? Faites le test, vous verrez assez vite si c'est celui qui vous convient. Vous n'aurez qu'à ajuster la trajectoire.

Je ne sais pas quels choix vous allez faire. Mais je sais quelles sensations vous rencontrerez chaque fois que vous verrez votre projet avancer et lorsque vous serez autonome financièrement. Je me dois de vous les partager, car elles sont incroyables.

Plus vous allez avancer dans votre premier projet immobilier, plus l'excitation et la satisfaction seront grandes. La satisfaction d'avoir accompli quelque chose qui marche et qui est valorisé par nos proches est une sensation formidable. Vous allez rapidement y prendre goût. À la fin de votre premier projet, vous allez vous dire : « Bon. On recommence ? » La réponse sera oui mille fois. Pourquoi ? Car votre sensation d'accomplissement sera au rendez-vous. Et elle sera d'autant plus grande que les projets suivants seront plus simples à réaliser, grâce à votre expérience.

Une fois l'indépendance financière atteinte, vos sensations seront décuplées, d'autant plus si vous avez travaillé en tant que salarié durant une longue période. C'est comme si vous preniez des douches froides tous les jours pendant cinq ans et que la sixième année, vous aviez droit aux douches chaudes. Plus vous attendez, plus la sensation est forte. N'attendez pas d'être trop vieux quand même.

Alors, êtes-vous prêt à vous lancer dans cette belle aventure ? Si vous cherchez une question plus concrète : êtes-vous prêt à être enfin heureux le dimanche soir ?

Bien sûr, je vais vous laisser écrire la suite de votre histoire et vos prochaines étapes. Mais avant cela, j'aimerais partager avec vous quelques-unes de mes réflexions à travers les prochains chapitres.

La seconde partie du livre nous permettra de prendre un peu de recul sur nous, sur vous, et sur la société. Les chapitres qui en découlent mettent en exergue les courants de pensée positifs. Ces courants de pensée sont essentiels pour tout projet d'entreprise.

Partie 2

Un état d'esprit propice à la réussite

Chapitre 1

Le pêcheur espagnol et la satisfaction

En guise d'introduction, je vais vous raconter l'histoire du pêcheur espagnol. Une vieille histoire, qui mérite d'être connue par tous.

« Sur une petite île espagnole, un pêcheur mène une vie tranquille qui semble lui convenir à merveille. Le matin, il va pêcher quelques poissons. En rentrant, il fait la cuisine avec sa femme. Après un bon repas, il fait une sieste. Il joue ensuite avec ses deux enfants jusqu'au soleil couchant.

Un matin, alors qu'il rentre de la pêche, un touriste américain lui demande :

– Avec le temps libre que tu as, tu pourrais pêcher également l'après-midi pour avoir plus de poissons.

Le pêcheur lui répond :

– Oui, c'est vrai. Mais pourquoi pêcher plus de poissons ?

L'Américain, surpris, lui dit alors :

– Si tu pêches plus de poissons, tu pourras en revendre et ainsi t'acheter un bateau à moteur.

– Oui, c'est possible. Mais pourquoi acheter un bateau à moteur ? lui répond le pêcheur.

L'Américain lui explique :

– De cette manière, tu pourras pêcher encore plus de poissons, créer une société et éventuellement embaucher des employés.

Alors le pêcheur lui demande :

– Cela est tentant. Mais pourquoi faire tout cela ? Quel est le but ?

Le touriste lui répond :

– Une fois que tu auras revendu ton entreprise, tu seras libre d'aller pêcher le matin, faire la cuisine avec ta femme le midi et jouer avec tes enfants l'après-midi… »

Nous avons donc deux personnages aux visions très différentes. L'un se satisfait de sa vie actuelle, car il connaît son but dans la vie. Et il sait qu'il l'a atteint. L'autre pense d'abord aux opportunités, aux richesses, à la productivité, en reléguant son but au second plan. Qui finalement est le même que celui du pêcheur.

Et vous ? Avez-vous un but clair et précis ? Vos actions servent-elles ce but ?

J'adore cette histoire. Pour deux raisons.

Premièrement, car il est essentiel d'avoir un but et assumer celui-ci. Un but non assumé ne vaut rien. La différence réside entre l'attitude et le comportement. L'attitude étant l'état mental qui prédispose à l'action. Si vos actions ne sont pas en adéquation avec votre attitude, vous ne serez jamais satisfait.

Bien sûr, tout au long de votre vie, votre but va changer et c'est normal. Peut-être qu'au début de votre vie d'adulte, votre but sera d'être riche, ensuite ce sera de fonder une famille et à la fin d'être en bonne santé. Même si votre but change, il permet de fixer un cap pour vos deux, trois années à venir et d'engager les actions adéquates. La morale de cette histoire : ne pas déplacer des montagnes pour atteindre quelque chose qui ne sert pas votre but.

Deuxièmement, car cette histoire traduit notre (mauvaise) façon de penser. Les pêcheurs espagnols ont disparu et le monde se peuple dangereusement de « touristes américains ». Le touriste américain étant bien sûr une métaphore pour un individu occidentalisé. À travers la société que nous avons créée, nous sommes et devenons ambitieux pour atteindre un seul but : la richesse personnelle. Ne serions-nous pas plus heureux en nous contentant de peu ? Ne devrions-nous pas capitaliser sur des ressources durables (la famille, les amis, etc.) ?

Quelles sont les conséquences de cette « mauvaise » façon de penser ? Quelles sont les conséquences de cette course à la richesse ?

Multiples, profondes, presque immuables. Prenez par exemple le climat politique français actuel. L'actualité fait sa une sur les « gilets jaunes ». C'est un mouvement qui revendique, en partie, un pouvoir d'achat plus important. Quel individu revendiquerait le contraire ? Aucun. C'est le problème. Chaque individu souhaite davantage de richesses (et j'en fais partie). Car la richesse semble être notre but ultime. Et ce n'est pas viable. Pourquoi ? Pour la frustration que cela apporte. La course à la richesse financière est infinie et il y aura toujours quelqu'un plus riche que vous. Mais nous sommes conditionnés à vouloir toujours plus.

Dans mes propos, j'exclus évidemment les personnes les plus précaires pour lesquelles la notion de richesse est abstraite. La mère de famille qui vit dans la rue avec ses deux enfants, a un besoin indiscutable de ressources supplémentaires pour survivre. Pour les autres, peut-être que la solution ne réside pas uniquement dans l'ajout d'une ressource supplémentaire, mais dans une stratégie de consommation plus efficace.

Le mouvement des « gilets jaunes » semble représenter bien plus qu'un simple sujet de pouvoir d'achat. Augmenter tel ou tel salaire ne fera que repousser le prochain mouvement. Il y a un grave problème sociétal de course à la consommation, de budget et de frustration. Par exemple, si nous augmentons tous les salaires de 200 €, nous allons directement augmenter nos dépenses de 200 € (achat d'un nouveau téléphone, crédit à la consommation, etc.). Et nous nous retrouverons de nouveau frustrés d'être au maximum de notre budget. Et ainsi de suite. Cela peut nous rappeler notre capacité maximum d'emprunt pour un projet immobilier. Le seul moyen de sortir de cette spirale infernale est d'être économe et d'apprendre à se contenter de peu (ou en tout cas de moins). Mais être économe n'est pas synonyme de croissance à zéro. Au contraire. C'est simplement savoir prendre son temps et être patient.

Durant la rédaction de ce livre, j'ai acheté un cinquième appartement. Vous me direz, super ! Ton business doit être très rentable ! Oui, le business est rentable. Mais ce n'est pas pour autant que j'ai acheté une voiture de sport ou financé un jet ski avec un crédit à la consommation. Et cela me convient parfaitement. Le fait de ne pas être à la limite de votre budget vous rend indépendant et satisfait. Encore une fois, ce n'est pas un problème de salaire. Un cadre qui gagne 3 000 € peut avoir 3 000 euros de dépenses récurrentes pour subvenir aux besoins de sa famille (crédit immobilier, location d'un appartement, crédit automobile, achat de vêtements, etc.), il sera donc au maximum de son budget. Il ressentira la même frustration qu'une personne qui gagne 1 500 € et qui sera aussi au maximum de son budget.

Que faire pour éviter cette sensation ? Essayer d'être maître de son budget (avoir de la marge) et se satisfaire de ce que nous avons déjà. Par exemple, bien que je me déplace moins, il m'arrive régulièrement de faire du covoiturage. C'est économique, écologique et social.

Vous l'aurez compris, notre but doit définir nos actions. Et non l'inverse. Cette course à la consommation et aux objets superflus nous empêche de nous concentrer sur notre but. Qui, très souvent, est simple : pouvoir profiter d'avantage de ses proches. Prendre le temps de définir un but, c'est souvent un premier pas vers la maîtrise de son budget. Et donc un grand pas vers la satisfaction…

Chapitre 2

Notre peuple et la politique

Lors de mes trajets en covoiturage, j'engage la discussion avec des personnes d'horizons très différents. Mais je fais (presque) toujours le même constat : nous nous plaignons. Encore et toujours. J'en deviens fou. « Les riches s'en mettent toujours plein les poches. » « Les politiques sont tous des pourris. » « Le prix de l'électricité a encore augmenté », etc.

Bien sûr que le monde n'est pas parfait ! Moi non plus et vous non plus. Avec autant de pensées négatives qui gangrènent notre esprit, ce n'est pas surprenant que nous perdions notre motivation et notre esprit entrepreneurial.

Sur le plan personnel, nous avons vu précédemment qu'il faut être autonome et se satisfaire de moins (ou en tout cas se satisfaire d'autres éléments importants : famille, conjoint, amis, etc.). Dans ce chapitre, nous allons nous intéresser au constat national et aux solutions.

La ferveur populaire à l'égard de notre système social a disparu. Pire, depuis plusieurs années nous sommes majoritairement défiants à l'égard des dirigeants que nous avons élus de façon démocratique. Les violences physiques et psychologiques provoquées pendant le mouvement des « gilets jaunes » sont catastrophiques. Comment deux individus, de la même nation, avec les mêmes aspirations, en arrivent à se crever les yeux ? Nous sommes arrivés à ce point de non-retour, en partie, à cause de notre propre frustration. Notre propre frustration budgétaire a nourri pendant des années des courants de pensée négatifs.

Ces courants de pensée négatifs sont aujourd'hui tellement puissants que nous en arrivons à de telles violences, et que ces violences sont presque assumées par le peuple. Pour améliorer notre quotidien et notre société, nous devons changer notre état d'esprit. Lorsque nous perdons un match de foot, critiquons-nous les règles du jeu pour justifier notre défaite ? Ou essayons-nous de nous rejouer le prochain match avec une meilleure stratégie pour gagner ? Il est souvent tentant et facile de critiquer les règles (notamment celles de notre société). Il est bien plus compliqué de les accepter et de construire une stratégie efficace autour de celles-ci.

Bien sûr, il faut descendre dans la rue et commettre des violences si le sujet revêt une gravité absolue. Mais actuellement, les règles de notre société ont-elles été imposées par un dictateur ? Sommes-nous en période de famine ? Sommes-nous en période de guerre ? Sommes-nous en période d'épidémie majeure sans que « l'État » ne fasse rien ? La réponse est non. Au contraire, nous avons un pays avec un système incroyable. Sûrement le meilleur du monde. Nous devons ouvrir les yeux, et les politiques devraient nous aider à les ouvrir.

Par exemple, rien que le fait de vivre ensemble. À mon niveau, j'ai parfois du mal à supporter mes proches ! En France, nous avons plus de soixante millions de personnes qui doivent cohabiter tous les jours sur un même territoire. Notre population est ultra hétérogène en matière d'origines, d'âges, de convictions politiques, de convictions religieuses, etc. Et je trouve que c'est un miracle que nous nous entendions plutôt bien. Aucune guerre civile ni aucune guerre de territoire, par exemple. Rien que sur ce point, nous devrions être satisfaits d'avoir mis en place un système qui nous permette de vivre en paix au sein de notre nation.

Les points positifs de notre pays ne s'arrêtent pas là et sont très nombreux. Nous avons le meilleur système d'assurance maladie au monde. Nous avons un des meilleurs systèmes éducatifs au monde. Nous avons le système social le plus avantageux au monde (pour le chômage, la retraite, etc.). La France, notre France, nous permet de rester en bonne santé, de nous éduquer, de nous aider en cas de coup dur tout au long de notre vie. Réveillons-nous. Ce système est tout simplement incroyable. Nous devrions être fiers. La majorité des pays que j'ai pu visiter n'ont rien de tout cela. Ils n'ont même pas accès à l'eau potable.

« Nous payons trop de taxes en France ! » Bien sûr que nous payons des taxes ! Et c'est bien ! Sinon, notre système n'existerait pas. Bien sûr, nous sommes une des nations qui taxent le plus (notamment les riches), mais logiquement nous sommes une des nations qui redistribuent le plus à ceux qui en ont besoin. Nos taxes ne vont pas financer un représentant politique qui achètera trois jets privés et dix bateaux avec notre argent. Continuons de contrôler les actions des représentants avec une grande rigueur, mais arrêtons la méfiance. Bien sûr, il y a des abus et ceux-ci ne doivent pas passer inaperçus. Cependant, l'intégralité de la classe politique ne doit pas être punie pour la faute surmédiatisée d'un seul représentant. La majorité des politiques se démènent quotidiennement pour peaufiner notre système afin que celui-ci soit encore plus efficace. Soyons satisfaits de notre système et de notre société.

En plus d'avoir un système social à la pointe, nous excellons dans de nombreux domaines qui sont malheureusement très peu médiatisés. La France est le premier pays touristique au niveau mondial : elle attire quatre-vingt-dix millions de touristes chaque année. Rien que ça. Je trouve ça formidable. Pour les retombées économiques bien sûr, mais également pour l'image que renvoie la France. Si nous attirons autant de monde et que la plupart des touristes vouent un culte à ce pays, c'est sans doute pour de bonnes raisons. Et il ne tient qu'à nous de penser de la même façon.

La France excelle également dans la gastronomie, dans le vin, dans les produits de luxe – le groupe français LVMH en est le premier groupe mondial. Nous sommes premiers sur plus de deux cents pays dans de nombreux domaines prestigieux. Saviez-vous aussi que la France est le premier pays agricole de l'Union européenne ? Je déplore que personne ne communique sur ces éléments. Les politiques, les médias, les discussions de table ont besoin de faire ressortir ces points positifs. Pourquoi ? Car nous devons capitaliser sur ces éléments où nous sommes les meilleurs. Nous devons en prendre conscience et développer ces activités. C'est à force d'entendre ces éléments positifs que nous arriverons à être satisfaits de nous et de la société française.

Bien plus que les actions, l'état d'esprit est une arme redoutable. Si nous arrivons à être comblés sur le plan personnel et sociétal, nous avons gagné une grande bataille.

Durant la Seconde Guerre mondiale, pourquoi la « guerre éclair » menée par les nazis a-t-elle été aussi fulgurante ? Car l'état d'esprit était préparé. Ils avaient les mêmes chars, les mêmes fantassins et les mêmes avions que la plupart des autres nations. Mais les nazis étaient convaincus qu'ils étaient les meilleurs, voire qu'ils étaient invincibles, autant sur le plan personnel que national. Cette foi inébranlable leur a permis d'envahir plusieurs nations en quelques semaines seulement. L'objectif et les moyens mis en œuvre pour asservir cet objectif représentent, sans conteste, la plus grande catastrophe de l'humanité. Mais les résultats ont été aussi horribles qu'impressionnants.

Ce triste souvenir nous montre que nous pouvons accomplir des projets de (très) grande envergure si notre état d'esprit est prêt. Il nous appartient de choisir les projets les plus nobles, les plus éthiques et les plus utiles.

Vous l'aurez compris. Nous avons de quoi être motivés. Et nous devons être fiers de nous et de notre société pour avancer et construire efficacement. Il faut en parler autour de vous, faites émerger ces ondes positives dont nous avons tant besoin.

Chapitre 3

Nos camarades et l'économie

Être satisfait de soi et de notre société est déjà une grande bataille de gagnée. Mais pour gagner la « guerre », il nous faut apprendre à aimer les individus, tous différents, qui peuplent notre territoire.

Les différences qui composent notre peuple doivent être une force, et cette force doit notamment nous permettre d'obtenir des points de vue différents. Mais cette richesse, nous l'exploitons à l'envers. Tous les jours, nous sommes spectateurs de scènes aberrantes, où nous observons une grande défiance à l'égard de différents groupes d'individus (les homosexuels, les migrants, les juifs, etc.). Pour illustrer ma réflexion, je vais vous parler d'un groupe d'individus, trop souvent stigmatisé, qui a pourtant un impact économique important : les riches ! En regardant les dernières images sur BFMTV, on voit quelques écervelés mettre des coups de pieds-de-biche sur une Porsche. Comment a-t-on pu en arriver là ?

Sommes-nous devenus tellement avides de richesses que notre jalousie nous pousse à commettre de tels actes ? Encore une fois, notre frustration nous oblige à blâmer quelqu'un. Ce quelqu'un n'étant surtout pas nous. Il fut un temps où le clergé et la noblesse n'étaient pas assujettis à l'impôt. Les riches étaient alors, à juste titre, des ennemis du peuple. Ce temps est révolu. Les riches, et ce n'est qu'un exemple, ne méritent pas ce traitement. Au contraire. Ils devraient logiquement être vus comme un porte-étendard de ce qu'il est possible d'accomplir en France. Ils devraient être vus comme une source d'inspiration intarissable pour tous les jeunes et les entrepreneurs. Enfin, ils devraient être vus comme les plus grands contributeurs à la société. Ça vous choque ? J'espère que non.

Ce rapport méfiant à l'argent et aux riches n'est heureusement pas partagé par tous les pays. Notre frustration transformée en jalousie nous empêche d'être fiers des riches. Et c'est grave, surtout pour notre économie. Prenons quelques exemples. Aux États-Unis, en Suisse ou encore à Hong Kong, le concept de jalousie ou de dégoût n'existe presque pas envers les riches. Plus qu'une paix sociale, les individus de ces pays sont fiers d'avoir des riches. C'est une inspiration pour eux et ils savent que les riches tirent le pays vers le haut (en investissant dans les entreprises, en embauchant, etc.). Quels impacts économiques cette mentalité a-t-elle ? Eh bien, c'est dans ces pays que le taux de chômage est le plus bas (moins de 4 %) et ces pays font partie des plus riches du monde, avec un nombre d'entreprises créées considérable. La France a besoin de se nourrir de ces exemples. Nous avons l'un des meilleurs systèmes sociaux du monde, mais quel est l'intérêt s'il n'y a aucune richesse à redistribuer ?

Aujourd'hui, quand on voit un riche en Porsche, on se dit : « Fraude fiscale », « il a beaucoup d'argent pendant que d'autres n'en ont pas », « il vient d'une famille riche », etc. Réveillons-nous. Notre pays irait beaucoup mieux si nous avions ce type de remarques : « La classe », « content d'avoir des personnes qui ont réussi dans mon pays », « c'est la preuve que moi aussi je peux y arriver en bossant malin ».

J'ai eu la chance de vivre quelques mois à Hong Kong. Je ne compte plus les fois où je suis passé devant des Ferrari garées qui avaient leurs vitres ouvertes dans des quartiers pauvres. Il y a un profond respect mutuel. Le concept de vol n'existe pas non plus. Comment est-ce possible ? Eh bien, prendre quelque chose à quelqu'un n'est tout simplement pas envisageable. S'ils veulent quelque chose, ils font comme tout le monde, ils travaillent pour l'acheter. Je ne compte pas non plus le nombre de fois où j'ai laissé mon ordinateur et mon portefeuille à la vue de tout le monde sur la plage. Une fois, une de mes amies qui possédait un vélo a voulu se procurer un cadenas, le vendeur lui a simplement dit que son magasin de vélo ne vendait pas de cadenas. Car le marché des cadenas n'existe pas. Incroyable, mais vrai.

Ce changement de mentalité et ce respect mutuel permettraient d'apaiser les tensions sociales qui déchirent doucement notre pays.

J'ai visité plusieurs pays difficiles d'accès, et les deux nationalités de touristes les plus représentées étaient les Allemands et les... Français ! Non seulement les Français ont cette curiosité de découvrir, mais pas seulement : ils entreprennent. J'ai croisé à de nombreuses reprises, des Français qui avaient installé leur business à l'autre bout du monde. Je suis agréablement surpris que notre nationalité soit autant représentée. À l'inverse, je suis déçu que cette ouverture d'esprit ne nous permette pas de régler nos conflits sociaux.

Pour relever nos challenges d'aujourd'hui et de demain, nous devons être fiers de nous, de notre société et de nos compatriotes.

Chapitre 4

Les impôts

Je me dois d'écrire un chapitre sur ce qui anime une grande partie des discussions médiatiques et régit notre système social : les impôts.

« Prenons l'argent aux riches ! », « Rétablissez l'ISF ! »... Nous entendons de plus en plus ce type de remarques. Ce sont des remarques légitimes. Qui dirait : « Prenons l'argent aux pauvres ! » Pourtant, nous prenons déjà (beaucoup) plus d'argent aux riches qu'aux pauvres. Et nous ne nous en rendons pas compte. Si nous appliquons une pression fiscale encore plus forte à l'égard les riches, cela les conduira logiquement en dehors de France. Et l'impact sera catastrophique d'un point de vue économique.

Nous avons besoin de prendre conscience que le système d'imposition français est très injuste. Non pas envers les pauvres, mais envers les riches. Je vais essayer de partager mes pensées à travers des exemples simples.

L'idée même d'avoir un système d'imposition traduit intrinsèquement une volonté d'équité. Pourquoi ? Car si aucun système n'est en place, chacun paie un montant à hauteur de ce qu'il consomme. Il n'y aurait donc pas d'allocations chômage, pas de couverture maladie et aucune aide pour l'éducation. Vous devez passer une radio ? Très bien, cela fera 700 €. Sans système, nous payons ce que nous consommons. C'est ce qui semble être le plus juste, me direz-vous ? Pourquoi payer une place de concert qu'on ne va pas aller voir ? Cela semble être d'une logique implacable pour certains domaines. Aussi, cette absence de système de taxation nous conduirait à l'apogée de l'individualisme et les disparités entre les riches et les pauvres seraient alors astronomiques.

Nous avons alors décidé, intelligemment, de mettre en place un système qui prône la justice sociale. Mais nous aurions pu mettre en place des systèmes bien moins avantageux pour ceux qui en ont le plus besoin. Nous devons prendre conscience que d'autres systèmes auraient pu être mis en place ; en voici quelques exemples.

Le système le plus équitable serait de payer un forfait d'impôt identique pour tous les individus français. Par exemple, 100 € par mois, indépendamment de notre situation financière ou de notre situation familiale. Il n'y a pas plus équitable que ce système. Car chacun d'entre nous va profiter de ce système social, éducatif et de santé de la même façon. Lorsque vous allez voir un concert, que vous gagniez 1500 € ou 8 000 € par mois, vous payez votre place au même prix. Et cela nous paraît normal. C'est ce qui est paradoxal.

Il y a un système un peu moins juste, mais peut-être plus éthique. Oublions alors le système du forfait. À la place, instaurons un système de pourcentage. Celui-ci serait indépendant de notre situation familiale. Prenons par exemple un pourcentage de 20 %. Ainsi, chaque revenu sera assujetti à un impôt de 20 % sur l'ensemble de ses revenus. Pourquoi pas. Celui qui gagne 1 500 € versera 300 € par mois et celui qui gagne 15 000 € versera une somme dix fois supérieure à celle de son compatriote. Celui qui gagne plus contribuera donc dix fois plus à la société. Ce qui semble déjà très éthique.

Mais notre système va encore plus loin en matière d'injustice, au sens strict du terme. Car il va favoriser grandement les personnes les plus en difficulté. C'est honorable, encore faut-il s'en rendre compte. Déjà, notre système d'imposition va prendre en compte la situation familiale. Mais il va encore plus loin : il met en place des tranches d'imposition. C'est-à-dire que les riches ne paient plus 20 %, mais peuvent payer jusqu'à 75 % d'impôts sur certains de leurs revenus – donc on se retrouve avec des situations surréalistes. Nous avons Fred, qui gagne le SMIC, qui ne paie aucun impôt grâce à ce système, et Romain qui paie plusieurs dizaines de milliers d'euros chaque année. Pourtant, tous deux profitent du même système.

Je ne pense donc pas que ce système soit juste. Mais il est très social. Bien sûr, nous devons manifester notre mécontentement dans la rue. Mais avant de faire des remarques sur nos compatriotes, ne devrions-nous pas nous demander : à quelle hauteur financière participons-nous pour la société ?

Dans notre système, c'est la personne la plus capitaliste qui contribuera le plus à la société sur le plan économique. Pourquoi ? Car c'est elle qui aura créé le plus de richesse. Ces richesses seront ensuite taxées et redistribuées aux plus modestes. Paradoxal, non ? Car le capitalisme vise l'enrichissement personnel, mais, encadré par notre système d'imposition, une grande partie de la richesse créée est redistribuée. Avec notre système, le capitalisme ne conduit donc pas à l'individualisme. Au contraire. Nous devons en prendre conscience, et gratifier ceux qui contribuent le plus à la société.

Je me répète car ce point est important. Si nous n'avions mis en place aucun système d'imposition, le capitalisme aurait conduit à l'individualisme. Car chaque personne serait responsable de ses cotisations sociales, éducatives et de santé. Concrètement, rien n'est remboursé et tout ce que vous consommez est payant. Vous faites une année à la faculté... C'est 10 000 € l'année. Vous passez deux nuits à l'hôpital... C'est 2 000 €. Les allocations chômage ? Il n'y en a pas. Sans aucun système, nous payons ce que nous consommons, ce qui paraît juste et logique. Mais c'est précisément l'absence de taxation et la non-redistribution qui creuseraient les disparités entre les plus riches et les plus pauvres. Nous sommes à l'opposé de ce système. Nous devons nous en rendre compte. Et croire à l'efficacité sociale de celui-ci.

Nous devons changer de mentalité envers l'enrichissement, les riches et l'argent. Garder cette haine ou cette méfiance envers ceux qui contribuent le plus à la société, c'est contre-productif. Bien sûr, dans notre système, il faut que les riches paient plus. C'est déjà le cas. Nous ne devons pas en demander davantage au risque de tout perdre. Si un patron de PME part de France ou arrête son activité à cause de l'imposition, ce sont des dizaines d'emplois qui disparaissent et des dizaines de milliers d'euros qui ne tombent plus dans la caisse de l'État.

Lorsque vous vous lancerez dans l'immobilier, vous vous rendrez vite compte que vous allez contribuer à la société. La contribution demandée est telle qu'elle devient dangereuse et nous décourage presque. Les cas où nous devons reverser plus de 50 % de notre bénéfice à l'État ne sont pas rares. Aujourd'hui, ce constat me choque. Cette idée que la fiscalité puisse freiner notre esprit d'innovation, de croissance et d'entreprise est dévastatrice. Et c'est malheureusement le cas. Nous sommes très vite obligés de consulter un expert-comptable ou un fiscaliste qui nous permettra de continuer notre activité en diminuant le montant de notre impôt. Je trouve cela contre-productif. La contribution demandée pour les revenus importants devrait être plus basse pour que les entrepreneurs et les investisseurs concentrent uniquement leur énergie à créer de la richesse en France.

La fiscalité est donc un vrai sujet pour notre économie. Mais ce sujet est complexe et mal expliqué par nos représentants. Aujourd'hui, nous manifestons pour que les riches paient encore plus alors qu'il faudrait certainement manifester pour qu'ils paient moins. Cette dernière phrase peut surprendre, mais elle est criante de vérité. D'un point de vue économique tout le monde en profiterait, notamment les plus modestes. Nous avons du chemin à faire. Pourtant, il suffit de regarder autour de nous : tous les pays qui sont des paradis fiscaux sont les plus riches. Je prends comme exemple les paradis fiscaux sur le plan économique uniquement en supposant que toutes les règles d'investissement éthiques soient respectées (provenance des fonds, etc.). Ces exemples nous prouvent qu'une fiscalité avantageuse pour les riches aura un impact sur deux éléments essentiels.

Premièrement sur l'économie : les investissements dans les entreprises seront plus importants, création d'emplois, etc. Deuxièmement, cette fiscalité aura un réel impact sur notre capacité à entreprendre. Trop d'entrepreneurs me disent : « À quoi bon se développer et gagner beaucoup d'argent quand on doit ensuite reverser plus de la moitié à la société ? » La fiscalité ne doit surtout pas être un frein à l'innovation et à la création de valeur.

Nous pouvons être satisfaits de ceux qui contribuent le plus à la société. Aidons-les à travers notre perception et nos actions, en faisant en sorte qu'ils contribuent encore et toujours à faire fonctionner le système de redistribution le plus important du monde. Et surtout, essayons nous aussi, à notre échelle, de créer de la valeur et de contribuer davantage à la société.

Au vu de ces dernières réflexions, le sujet du business immobilier semble lointain. Au contraire. Il rentre parfaitement dans le champ d'application. Lorsqu'on se lance dans le business de l'immobilier, ou dans n'importe quel autre business d'ailleurs, avoir un état d'esprit positif est essentiel à de nombreux égards. Nous devons également prendre conscience de l'efficacité du système fiscal français et de l'importance de la perception du peuple français. Car ces derniers vont impacter la croissance de votre entreprise. Futurs entrepreneurs, vous serez au centre des tensions fiscales, sociales et sociétales.

Chapitre 5

La réussite

La réussite est un concept qui conditionne notre vie. Nous vivons pour réussir. Nous travaillons pour réussir. Ce concept essentiel peut revêtir plusieurs sens. Qu'est-ce que cela veut dire « réussir » ? Doit-on réussir pour être heureux ?

Bernard Tapie disait notamment : « L'important n'est pas de réussir dans la vie, c'est de réussir sa vie. » Un peu ironique venant de sa part, mais je suis convaincu de la véracité et la pertinence de cette affirmation. La réussite a plusieurs visages. Peut-être que pour certains, elle revêt une dimension matérielle. À titre d'exemple, l'acquisition d'une Ferrari est la preuve d'une réussite irréfutable pour certains.

Peut-être que la réussite est statutaire, alors atteinte lorsque nous occupons une fonction élevée dans notre société. En tout état de cause, il est certain que la réussite financière prime sur toutes les autres. L'immobilier nous permet d'atteindre cette réussite-là. Vous serez alors labellisé comme une référence. « J'ai un ami qui a investi dans l'immobilier et qui a réussi. » C'est très valorisant et gratifiant. Mais n'oubliez pas que l'argent nous permet d'acheter un bonheur à court terme. L'argent nous permet d'acheter les éléments matériels que nous souhaitons, il nous permet de vivre des expériences (voyages) et d'être maîtres de notre temps. Car échanger du temps contre un travail et une rémunération n'est plus obligatoire. Pour un bonheur à moyen et long terme, il me semble essentiel de chérir vos relations actuelles : votre famille, votre conjoint, vos enfants, vos amis. L'argent doit permettre de capitaliser sur ces éléments relationnels, car ce sont les plus importants. Un humain peut vivre sans argent, mais il ne survivra pas seul.

Jim Carrey disait aussi : « J'aimerais que tout le monde devienne riche et célèbre afin que nous comprenions que la réponse n'est pas là. » Vous pensez certainement : « Facile à dire pour lui ! » Pas vraiment, car cela casse un mythe. Imaginez une personne qui a travaillé toute sa vie pour devenir riche et célèbre. Et qui prend conscience que tous ses efforts sont vains, car il n'est toujours pas satisfait. C'est avouer son échec, publiquement.

Être riche et célèbre ne doit pas être une fin en soi. Car au bout de cette course infinie, nous allons perdre. Et la défaite apporte de la frustration. Vous connaissez la suite. L'argent doit être un objectif et non le but ultime. Avec ce raisonnement, vous allez utiliser l'argent comme un moyen formidable d'accomplir ce que vous voulez vraiment.

Pour ma part, j'utilise l'argent pour atteindre deux objectifs : profiter un maximum de mes proches (voyages avec ma famille, nombreux déplacements pour aller voir mes amis, etc.) et organiser mon temps comme je le souhaite. Je fais uniquement ce qui me plaît. Comme Tim Ferriss, auteur du best-seller La Semaine de 4 heures, je suis (très) actif tous les jours, mais je concentre mon énergie uniquement sur les projets qui me plaisent.

Ces deux objectifs servent mon but actuel : me réveiller tous les matins avec une motivation et une envie certaine de croquer à pleine dent cette nouvelle journée qui s'offre à moi.

La richesse et la réussite vous permettront de vous poser les bonnes questions et de vous concentrer sur ce qui vous rend heureux, ou plus concrètement, sur ce qui vous rend satisfait.

Sur le plan personnel, la réussite nous apporte satisfaction. Mais l'impact sociétal peut être positif ou négatif. Nos valeurs peuvent, elles aussi, en prendre un coup.

Chapitre 6

L'éthique

Qu'importe votre définition de la réussite, celle-ci passera par le progrès. Et le progrès peut être néfaste pour vous, pour nous, pour la planète.

Sur le plan personnel, il est essentiel que votre réussite soit légitime. Votre réussite ne doit pas changer vos nobles valeurs. Pour progresser, vous devez faire des choix. Dans quel domaine vais-je me lancer ? Un domaine légal ou illégal ? Vais-je créer de la richesse en escroquant des gens ? Il est tout à fait possible de devenir riche en vendant de la drogue, par exemple. Mais en plus de vous exposer à des sanctions pénales lourdes, vous perdez vos valeurs. Vous perdez votre intégrité, votre honnêteté, votre humanisme. Et à la fin, vos valeurs, ce sont les choses les plus précieuses qui vous resteront. Après avoir atteint votre réussite, vous pourrez acheter tout le matériel dont vous avez toujours rêvé, mais les valeurs ne seront pas à vendre.

Choisissez un domaine dans lequel votre réussite sera légitime. L'immobilier (locatif) semble un business légitime, car il sert une cause légitime : offrir un toit à des personnes. Votre apport à la société est donc bien plus positif que si vous vendiez une nouvelle marque de bracelet. La cause que sert l'immobilier est noble. Encore faut-il servir cette cause en gardant des valeurs nobles. En vous engageant dans l'immobilier, vous allez devoir choisir parmi deux catégories : les bons propriétaires et les mauvais.

Les bons propriétaires proposeront un logement bien plus que décent, avec les mêmes prestations qu'ils ont au sein de leur propre logement. Les bons propriétaires proposeront des loyers qui correspondent au prix moyen du marché. Ils ne profiteront pas des personnes en difficulté (étudiant étranger, par exemple) pour insérer des clauses abusives dans le bail. Ils n'attendront pas deux mois avant de rendre la caution du locataire sortant, etc. L'ensemble de ces choix vous fera basculer du bon ou du mauvais côté. Je vous préviens, les rangs des mauvais sont déjà complets. Vous n'avez donc plus le choix.

Le progrès vous amènera à faire des choix qui vont influer sur vos valeurs. Gardez vos valeurs à tout prix. Cela sera déjà une belle réussite.

Jamais progrès et éthique ne doivent devenir des notions antinomiques. Mais au cours des derniers siècles, je ne sais pas vous dire si le progrès a renforcé notre éthique ou s'il l'a affaiblie. Bien sûr, nous vivons mieux et plus longtemps. Mais la trajectoire que nous prenons n'est pas viable : réchauffement climatique, manque de ressources alimentaires, disparités, guerres, etc. C'est pour ces raisons que nous devons impérativement atteindre une réussite légitime. Sur le plan personnel, sociétal et écologique.

En un temps réduit et avec peu, j'ai l'impression d'avoir fait beaucoup. Si à notre niveau, nous investissons notre énergie dans des projets nobles et bénéfiques pour nous tous, le monde sera durablement meilleur. Dans notre contexte actuel, investir son énergie dans un projet qui a un impact positif est la clé. L'immobilier a un impact positif, mais il est loin derrière certains projets. Si vous investissez votre énergie dans des projets qui visent à réduire la faim dans le monde, ou qui visent à développer un vaccin contre une maladie, vous serez au sommet de ce dont nous avons tous besoin.

Nous devons prendre conscience qu'il est impératif de réaliser des actions qui auront un impact positif pour la communauté. Et c'est sur ce point que nous devons nous améliorer. Durant ma dernière année d'études, j'ai fait ce que tout le monde nous pousse à faire : une année d'alternance dans un grand groupe d'électroménager. Pourquoi ? Car c'était un beau nom sur le CV, car j'allais pouvoir faire carrière dans une multinationale, car les meilleurs allaient là-bas, car on était mieux payés, etc. En fait, après une année dans une telle entreprise, j'ai su que je n'y retournerai plus jamais. Pourquoi ? Car vous ne pouvez quasiment rien remettre en question. On vous place dans un moule pour exécuter des actions qui permettront de vendre plus. Indépendamment de vos valeurs et de l'impact positif ou négatif qu'auront vos actions.

Il est essentiel que nos jeunes talents (et nous tous) prennent conscience que la réussite ne passe pas par un parcours fantôme dans une multinationale. Il faut rediriger cette énorme masse d'énergie vers des projets qui ont du sens pour chacun d'entre nous.

Plus les années passeront, et plus les éléments futiles disparaîtront naturellement. Sombre avenir pour les vendeurs de bracelets... Nous serons alors obligés de concentrer notre énergie, en catastrophe, vers des projets essentiels.

Vous l'aurez compris, cette décision prise au niveau personnel doit être communiquée au niveau politique. Nous avons besoin de ce garde-fou pour orienter nos actions. Nous avons besoin d'hommes politiques qui fixent une vision à long terme de notre but. Vous aurez ainsi, en début de mandat, des présidents qui commenceraient leur discours par : « Chers compatriotes, notre objectif est de sauver la planète », ou encore « Chers compatriotes, notre objectif est d'améliorer la santé de nos citoyens », ou encore « Chers compatriotes, notre objectif est d'éduquer aux mieux nos citoyens ». Plutôt que d'entendre le discours vide de sens habituel : « Chers compatriotes, notre objectif est d'augmenter le pouvoir d'achat de nos citoyens. » Nous serons beaux d'ici quelque temps avec nos trois télévisions et notre cancer des poumons provoqué par la pollution.

L'histoire nous montre qu'il faut attendre une guerre pour relever les plus grands défis. Je suis plus optimiste pour le futur. Nous allons prendre conscience de cette nécessité à notre niveau. Nous allons nous rassembler pour donner un sens à nos actions. Et un homme ou une femme, avec le même génie que Steve Jobs et le même courage que Martin Luther King, saura catalyser notre mouvement de pensée.

Nous arrivons à la fin de la deuxième et dernière partie du livre. J'aimerais enrichir ce livre avec une troisième partie, qui serait composée de vos témoignages, de vos points de vue et réflexions. Soyez nombreux à me partager ces éléments par e-mail à l'adresse suivante :

commentaires@immobilier-coaching.com

Je me ferai un plaisir d'ajouter votre retour d'expérience, dans une prochaine version de ce livre.

S'il y avait un point essentiel à retenir de cet ouvrage, ce serait celui-ci : « Quoi que vous fassiez, faites-le en musique. » Et vous pouvez commencer avec la chanson de Laura Branigan, Self Control.

Printed in Great Britain
by Amazon

35187897R00076